Pensamiento positivo

Vera Peiffer

Pensamiento positivo

Traducción de M. Taboada

ROBIN BOOK

Título original: *Positive Thinking*.
© 1989, Vera Peiffer.
© 1991, Ediciones Robinbook, SL.
   Aptdo. 94.085 - 08080 Barcelona.
Diseño cubierta: Geest/Høverstad.
ISBN: 84-7927-005-5.
Depósito legal: B. 857-1991.
Impreso por Libergraf, Constitució, 19, 08014 Barcelona.

Impreso en España - *Printed in Spain*

A Nada y Ljuba

Prólogo
(SE RUEGA NO LEERLO)

Perdone, pero ¿ha tenido ya algún problema con su vista? No, ningún problema de visión. De acuerdo. En ese caso, ¿quiere usted hacerme el favor de leer de nuevo el encabezamiento? Muy bien. Sáltese este prefacio y pase al capítulo siguiente. Gracias.

No me lo creo. Seguirá leyendo, aunque le he pedido específicamente que no lo haga.

¿Sabe? Cuando empecé a preparar este libro, una amiga me preguntó por dónde iba de mi escritura. Le contesté que acababa simplemente de comenzar el prefacio. Mi amiga hizo un gesto desdeñoso y me aseguró que jamás en su vida había leído un prefacio. Para decirlo todo, que ella supiera, no había nadie que los leyese. Esto me dio una idea. Puesto que yo quería que se leyese mi prefacio, pensé en aprovecharlo para demostrar algo.

El simple hecho de que se suponga que *no* va a leer usted el prefacio lo convierte en prácticamente irresistible. Después de todo, continúa usted leyendo, ¿o no?

NOTA: *Cuanto más se empeña uno en evitar algo, más difícil resulta conseguirlo.*

Este tipo de notas se repetirán a lo largo del libro y, en los capítulos siguientes, le mostraré cómo funcionan y cómo utilizarlas en provecho propio. Más aún, estoy segura de que tendrá éxito cuando intente hacer que los descubrimientos de este libro le den resultado, con tal de que albergue *efectivamente* la intención de obtener más de la vida y de que ponga tales descubrimientos en práctica.

El conocimiento teórico es algo maravilloso. Confirma la buena opinión que uno tiene de sí mismo, impresiona a los amigos y

9

«viste» mucho cuando se incluye en el *curriculum vitae*. Todo eso es también muy útil y, sin la menor duda, deseable, pero el conocimiento teórico no puede originar ninguna modificación. Nunca transformará a una persona desdichada en feliz, ni a un fracasado en un triunfador.

Para cambiar su vida en sentido favorable, necesitará algo más que el simple conocimiento teórico. Le hará falta poner esas teorías en práctica, lo que significa, claro está, que tendrá que asumir la responsabilidad de su propio bienestar y dejar de echar la culpa a otros de las cosas desagradables que haya en su vida. Cierto que no es fácil, porque, cuando uno no sabe enfrentarse a ciertos aspectos de su vida, resulta mucho más cómodo –reconózcalo– echarle la culpa a sus padres, o al gobierno, o al tiempo, que admitir que no ha puesto nunca nada de su parte y que por eso continúa en el mismo trabajo, no ha encontrado aún a su pareja o se siente tan infeliz como hace dos años.

A largo plazo, aceptar la responsabilidad de sus actos supone una estrategia victoriosa, ya que abre las puertas a una serie absolutamente nueva de posibilidades de convertirse en un triunfador. Y cuando hablo de éxito, me refiero a diversos campos, como la salud, el dinero, la felicidad y la realización personal.

Casi no hay límites para lo que se puede lograr cuando se aplica el esfuerzo mental suficiente. Leer este libro le ayudará, pero no le servirá de nada si no se decide y lleva las teorías a la práctica. Este último paso depende de usted, exclusivamente de usted. Empiece *ahora mismo*. No espere el «momento oportuno». Nunca llegará.

NOTA: ***El mejor momento para poner en práctica las nuevas resoluciones es ahora (no el 1 de enero).***

Sé que puede hacerlo.

VERA PEIFFER

Primera parte

La mente se impone a la materia:
El experimento del péndulo

Antes de entrar en el estudio teórico de cómo funciona la mente, me gustaría que intentase el experimento siguiente:

Busque un trozo de cordel y ate una anilla en un extremo. No importa la clase de cordel que elija ni el objeto que cuelgue de él. Si no dispone de una anilla, ate una llave o un bolígrafo. Lo principal es que sujete algo al extremo del cordel.

Ate ahora el otro extremo del cordel al dedo índice de su mano derecha. Como es importante que mantenga la mano absolutamente inmóvil, le aconsejo que se siente ante una mesa, apoye firmemente los codos en ella y se sujete la muñeca derecha con la mano izquierda.

Baje el índice derecho hasta permitir que el objeto descanse sobre la mesa, luego álcelo lentamente, de modo que el objeto quede colgando en el espacio. *Es de capital importancia que mantenga la mano inmóvil mientras lleva a cabo este experimento.*

A continuación, fije la mirada en el objeto e imagine que el péndulo empieza a moverse de izquierda a derecha. Vea mentalmente el movimiento, imagine que el objeto inicia un balanceo, de izquierda a derecha, de izquierda a derecha. Dígase en su interior: «De izquierda a derecha, de izquierda a derecha», y verá que el péndulo empieza, en efecto, a oscilar de izquierda a derecha. Al principio, lo hará muy ligeramente, pero continúe imaginando, viendo con los ojos de la mente como el movimiento se va haciendo más pronunciado, y comprobará que así sucede en la realidad.

Baje de nuevo la mano, dejando que el objeto se pose sobre la superficie de la mesa. Después, álcelo otra vez muy despacio, hasta que quede colgando, e imagine ahora que gira en el sentido de las agujas del reloj. Mueva los ojos siguiendo el contorno del objeto en el sentido de las agujas del reloj, *vea* el movimiento y, muy poco a poco, advertirá que el péndulo empieza a girar en ese sentido. Durante todo el proceso, asegúrese de que no mueve la mano que sostiene el péndulo.

Naturalmente, también puede hacer que se mueva en sentido contrario al de las agujas del reloj, o adelante y atrás. El resultado es siempre el mismo: el péndulo sigue la dirección que usted imagine. Fascinante, ¿no?

Sin embargo, antes de abandonar su trabajo actual para convertirse en un famoso artista de varietés especializado en la magnetización, echemos una ojeada a lo que ha sucedido. Decidió usted mantener la mano completamente inmóvil y, al mismo tiempo, imaginó que el péndulo empezaba a moverse en una dirección determinada. En otras palabras, su fuerza de voluntad entró en conflicto con su imaginación.

NOTA: *Cuando la voluntad se opone a la imaginación, siempre sale victoriosa la imaginación.*

Consideremos otro ejemplo. Estoy segura de que conoce a alguien que intentó sacar el carnet de conducir y fracasó en el examen, aunque era muy capaz, cuando se hallaba en condiciones normales, de hacer todos los giros previstos en el código y de maniobrar para aparcar el coche en un espacio mínimo. Los «nervios» que ese tipo de personas demuestran cuando se ven sometidas a un examen no es otra cosa que el conflicto entre su voluntad y su imaginación. *Quieren* aprobar el examen, *quieren* hacerlo todo bien..., pero *se imaginan* fracasando, y como —ya lo hemos visto en el experimento del péndulo— la imaginación es más poderosa que la voluntad, el candidato se tensa, el pánico le invade y suspende el examen. Si quiere favorecer la consecución de sus deseos, asegúrese de que su imaginación marcha en la misma dirección que su voluntad. Volveremos a hablar de esto más tarde.

¿Y qué hacer si su péndulo se niega a balancearse y, con la cara enrojecida, piensa ya en la posibilidad de emplear las páginas de este libro para envolver sus bocadillos?

NOTA: *No abandone jamás.*

La diferencia entre un triunfador y la persona que no consigue lo que desea radica en que el triunfador insiste, mientras que el otro abandona. Por lo tanto, inténtelo de nuevo.

Quizá no esté acostumbrado a recurrir a la imaginación con demasiada frecuencia, pero se trata de una destreza que se puede adquirir con la práctica. Los niños tienden a tener mucha imaginación, así que, si ha perdido la suya al llegar a la edad adulta, la recuperará utilizándola más a menudo. Usar la imaginación es, en cierto modo, como montar en bicicleta. Nunca se olvida por completo. (Encontrará un ejercicio para aumentar su capacidad imaginativa en la p. 31.)

La mente subconsciente

La mente, lo mismo que un iceberg, consta de dos partes. La *mente consciente,* que equivale a la parte emergida del iceberg, nos ayuda en el proceso diario de tomar decisiones y nos presta también su asistencia en las situaciones nuevas, cuando tenemos que aplicar el pensamiento racional para dilucidar lo que tenemos que hacer y cómo hemos de hacerlo. En el otro lado, está la *mente subconsciente,* que representa, con mucho, la parte mayor, exactamente igual que la parte sumergida del iceberg. La mente subconsciente se encarga de la repetición de los comportamientos aprendidos, cosa muy útil, ya que nos permite resolver las situaciones más rápidamente cuando se presentan de nuevo. Cuando hemos aprendido a enfrentarnos a una situación, lo encontraremos más fácil la próxima vez, puesto que recurrimos a una información que ya habíamos almacenado. Por ejemplo, una vez que aprendemos que la puerta de la estufa quema, nos servimos de un paño para abrirla en la próxima ocasión en que nos vemos obligados a hacerlo, a fin de no abrasarnos la mano de nuevo; cuando hemos aprendido a cambiar las velocidades en el coche, no necesitamos pensar conscientemente en realizar esos movimientos, ya que la información almacenada se presenta de manera automática tan pronto como surge la misma situación; cuando hemos aprendido la posición de las letras en una máquina de escribir, podemos mecanografiar sin mirarlas, porque nos hemos forjado en el subconsciente una imagen mental de la disposición del teclado.

La información recibida por la mente consciente pasa directamente a la mente subconsciente. Ambas partes están estrechamente vinculadas. Todo cuanto el sujeto ve, oye o experimenta es percibido por la mente consciente y luego almacenado en la mente subconsciente en forma de recuerdo. Dicho recuerdo se compone de la huella del incidente en sí *más* la huella de la sensación o el sentimiento que trajo consigo.

Supongamos que le ha mordido un perro. Al vivir ese acontecimiento, experimentó todos los sentimientos de susto, dolor y ansiedad que suelen acompañarlo. Ese incidente y esos sentimientos se almacenaron en el subconsciente. Su recuerdo influirá sobre sus reacciones frente a situaciones similares. La próxima vez que vea un perro, actuará conforme a la pauta que guarda en su memoria, es decir, sentirá ansiedad al pasar junto al animal o, si la impresión en la primera ocasión fue particularmente fuerte, incluso cruzará a la otra acera para evitarle.

Pongamos otro ejemplo. Supongamos que alguien le dice con insistencia que no vale usted para nada. Esa persona puede ser su padre, su madre, su marido o su mujer, su novio o su novia, su jefe o cualquiera que ocupe una posición de autoridad a su respecto o le sea muy allegado. La acusación puede ser injusta o exagerada, pero, si se la repiten a menudo, la almacenará en su mente subconsciente y, también aquí, el sentimiento de cólera, resignación o depresión que suscita en usted le acompañará.

Si le da a la otra persona la oportunidad de repetir su acusación una y otra vez durante un largo periodo de tiempo, empezará usted a creer que *no vale* realmente para nada y que es incapaz de hacer algo bien, porque tal será el mensaje automático que le enviará su subconsciente cuando surja una ocasión nueva en que tenga que probarse a sí mismo.

Así entrará en un círculo vicioso: como cree que no sirve para nada, actuará de acuerdo con esta creencia; como no aborda las situaciones nuevas, porque tiene miedo al fracaso, fracasará. De este modo, la acusación inicial se convierte en realidad, como una profecía que se autocumple, *aun en el caso de que, al principio, no fuera verdad que no valía usted para nada.*

Estos dos ejemplos demuestran que existe un vínculo entre la información o los acontecimientos que experimentamos conscientemente (hechos), el almacenamiento subsiguiente en el subconsciente del acontecimiento y los sentimientos que lo acompañaron (recuerdo) y el modo en que actuamos (comportamiento) cuando nos vemos de nuevo en la misma situación.

Cuando nos damos cuenta de que, por el motivo que sea, no somos capaces de manejar una situación, proporcionamos a nuestro subconsciente una información negativa, con una huella memorística de fracaso y, cuando la misma situación u otra similar se presenta de nuevo, presumimos automáticamente que seremos incapaces de resolverla. Esa presunción significa que *esperamos* que las cosas van a ir mal también, que nos *imaginamos* ineptos para enfrentarnos a la situación y que, por lo tanto, acabamos por no lograr escapar a lo que hemos imaginado.

NOTA: *Una vez que se ha establecido la cadena hechos-recuerdos-comportamiento, se pone en marcha automáticamente.*

Es posible, también, que el sujeto no recuerde ya el incidente. Sin embargo, continuará experimentando el mismo sentimiento que le asaltó durante éste cada vez que tropiece con una situación semejante. Quizá haya olvidado que le mordió un perro cuando tenía dos años, pero su mente subconsciente le «recordará» el incidente haciendo surgir el sentimiento de miedo que lo acompañó en aquella ocasión.

Los sentimientos no surgen de la nada. Siempre están relacionados con un episodio real, que tal vez hemos olvidado por completo, por el motivo que sea. Cuanto más intenso sea el sentimiento negativo que acompañó al incidente, más probable será que lo hayamos reprimido; esto es, más probable será que no volvamos a recordarlo.

NOTA: *Los sentimientos que hemos almacenado en la memoria se descargan siempre a través de nuestro comportamiento.*

Lo bueno de la cuestión está en que la cadena hechos-recuerdos-comportamiento funciona también en sentido positivo. Si le dicen que le quieren igual aun en el caso de que cometa errores, su mente subconsciente registrará esa información como un sentimiento de seguridad, al mismo tiempo que el mensaje de ser amado a pesar de todo. Eso le impulsará a intentar cosas nuevas sin temer el resultado, porque sabe que, si no salen bien, como puede suceder, su sentimiento de seguridad y de estima de sí mismo se mantendrá intacto.

Sin duda habrá advertido mi insistencia en que la información ha de ser recibida *repetidamente* antes de echar raíces en la mente subconsciente y que un incidente tiene que ir acompañado de una *emoción particular fuerte* para imprimirse en el subconsciente e influir más tarde sobre el comportamiento.

Son puntos que conviene retener.

NOTA: ***Cuanto más a menudo se repite un mensaje, más profundamente se graba en el subconsciente.***

NOTA: ***Cuanto más fuerte es la emoción que acompaña a un acontecimiento, con mayor fuerza se graba esa emoción en el subconsciente.***

¿Qué es el pensamiento positivo?

El pensamiento positivo consiste en aprovechar la sugestionabilidad de la mente subconsciente para forzarla a seguir una dirección deseable. Hemos visto en los apartados anteriores que la información pasa de la mente consciente a la subconsciente.

La mente subconsciente no razona, no juzga si la información es correcta o errónea, razonable o absurda, veraz o falsa. Se limita a almacenarla como un criado fiel, sólo para suscitar, en un estadio posterior, el comportamiento que se ajuste a la información almacenada.

Si queremos influir sobre nuestro comportamiento o nuestro rendimiento, tenemos que hacerlo a través de la mente subconsciente, y eso significa que hemos de escoger pensamientos nuevos, positivos, con los que alimentar concienzuda y repetidamente nuestra mente consciente, ya que los pensamientos repetidos se enraizan en la mente subconsciente. Los pensamientos negativos repetidos influirán en ella negativamente, y los resultados negativos se materializarán en pensamientos, deseos e ideas que serán convertidos en realidad por la mente subconsciente.

16

Tenemos que romper ese círculo vicioso para dar lugar a un comportamiento positivo.

NOTA: *La calidad de sus pensamientos determina la calidad de su vida.*

Usted es real y verdaderamente lo que piensa. Considere la situación siguiente. Son las siete y media de la mañana y acaba de despertarse. Al abrir los ojos, su mente consciente se pone lentamente en marcha y empieza a pensar en el día que le espera. Piensa en la reunión a la que va a asistir durante la mañana, donde habrá de confesar que ha sido incapaz de resolver un problema muy urgente. Para rematar la cosa, tendrá que enfrentarse por la tarde a un cliente bastante chinche. Todavía son las siete y media de la mañana. Nada ha sucedido aún, pero ya se siente de mal humor.

Puedo oír desde aquí sus indignadas protestas: «Me gustaría verla en mi lugar, teniendo que tratar con ese montón de imbéciles ineptos». O bien: «Si es *usted* tan inteligente, ¿por qué no viene y recibe a mi cliente? El tío no muerde, pero ladra todo el tiempo...». De acuerdo, pero concédame un minuto. No niego que esa reunión sea difícil, ni que su cliente sea una persona poco tratable. Lo único que *digo* es que no se hace a sí mismo ningún favor *añadiendo* el mal humor a todo lo demás. Sólo le servirá para complicar las cosas.

Simplemente, cuando una persona se pone de mal humor, no se encuentra en las mejores condiciones. Está tenso, irritable, y, en consecuencia, es incapaz de controlarse. No logra concentrarse, se siente paralizado y se deja invadir por el pánico. Y, claro está, la historia no termina ahí. A causa de su mal humor, se muestra especialmente monosilábico o gruñón durante el desayuno, lo cual no es lo más propio para granjearse la simpatía de su familia. Después, se comportará con una cierta animosidad con sus compañeros de trabajo, que, a su vez, comentarán *sin duda* su humor, irritándole más todavía («¿Por qué no se ocupan de sus propios asuntos?»). Y por último, la reunión queda pospuesta para la semana siguiente, posiblemente lo peor que le podía ocurrir, ya que habrá de pasar otra semana preocupándose, hasta que, por fin, se haya celebrado. Y si la reunión se hubiese celebrado *ese día,* habría llegado a ella sin la menor energía, porque hubiese consumido toda la que tenía disponible en preocuparse. Por la tarde, al llegar agotado a casa, le da una patada al perro y cavila en si de verdad le pagan lo bastante por efectuar un trabajo tan pesado...

Supongo que ahora ya habrá caído en la cuenta. Sí, eso es lo que pretendo decirle: es *usted* responsable por malgastar su energía de esa manera. *No es el trabajo, es usted.* Fue el pensar negativamente a primera hora de la mañana lo que le hizo tomar un camino equivocado.

No se puede hacer nada por evitar que se produzcan ciertos acontecimientos –siempre habrá reuniones difíciles o clientes intratables–, pero sí se puede hacer algo en cuanto al modo en que uno decide *encarar* esos acontecimientos. Adoptando una actitud mental positiva, no sólo se sentirá mejor interiormente, sino que resolverá mejor la situación y, sobre todo, influirá sobre su ambiente en sentido positivo. A la gente le gusta estar con una persona tranquila, feliz, y su actitud positiva se reflejará muy pronto en la forma en que le traten los demás.

NOTA: *Cualquier cosa que transmita a los demás le será devuelta como un boomerang.*

La nota anterior expresa una gran verdad. Sólo es cuestión de tiempo el recolectar lo que uno ha sembrado. Y expresa una gran verdad en todos los campos, tanto en la vida privada como en los negocios.

Ser positivo supone mostrarse abierto y amistoso, lo cual no significa dejarse tratar por nadie como un perro, sino decir lo que uno quiere y procurar conseguirlo. Tampoco significa ser un pendenciero, sino elegir conscientemente presentar el aspecto más brillante de la propia personalidad. No significa mirar el mundo a través de un cristal de color de rosa muy poco realista, sino apreciarse a sí mismo y a los demás, interesarse por la gente que nos rodea.

NOTA: *Una persona que se interesa suscita el interés.*

Ser positivo significa preocuparse menos y disfrutar más, preferir ver el lado bueno de las cosas, en lugar de permitir que el pesimismo y el fatalismo invadan su mente, preferir ser feliz a ser desdichado. El primero de sus deberes consiste en asegurarse de que se siente bien en su interior.

NOTA: *Es de importancia fundamental preocuparse de sí mismo y esforzarse por conquistar la felicidad.*

Si le parece que la nota anterior demuestra un egoísmo excesivo, mire las cosas desde otro punto de vista. Mientras no sea usted feliz, le será imposible hacer feliz a otra persona, no podrá ayudar a los demás, no tendra éxito en nada de lo que haga. Imagine a un psicoanalista desdichado intentando convencer a un paciente para que no se suicide. Imagine a un vendedor malhumorado intentando vender un producto a un cliente. Imagine a un marido gruñón intentando conservar la buena marcha de su matrimonio.

¿Hasta qué punto es usted feliz? Vamos a tantearlo.

Diez minutos de soledad

Haga la prueba siguiente. Siéntese solo en una habitación, con la radio y la televisión apagadas, y no haga nada de nada durante diez minutos.

Cuando uno no se aprecia a sí mismo, diez minutos sentado sin hacer nada, sin la menor distracción, representan una eternidad. Le obligan a enfrentarse a pensamientos potencialmente desagradables acerca de la propia persona y que acaban por impedir relajarse y desconectar.

Mucha gente, en particular las mujeres, se sienten culpables cuando tratan de relajarse o desean hallarse en soledad. Tienden a interpretar la palabra «relajarse» como «dar vueltas sin hacer nada productivo» y «querer estar a solas» como «ser insociables y, por lo tanto, despreocuparse de los demás». ¿Reconocen ustedes esos pensamientos, señoras? Si los reconocen, ya es hora de que cambien de actitud.

En las páginas que siguen, se incluirán ejercicios de relajación física y mental (pp. 31-33), además de análisis de un cierto número de problemas especiales (pp. 53 y ss.).

Es muy posible que ya haya empezado a atacar su problema particular antes de ser capaz de relajarse. Sin embargo, le recomiendo que haga primero los ejercicios de relajación, ya que le darán una indicación acerca de su estado mental actual, y que los repita después de haber trabajado sobre su problema. A medida que vaya avanzando, descubrirá que aumenta su capacidad de relajarse.

Segunda parte

¿Qué es lo que hay en su mente?

Me gustaría que empezase por prestar atención a lo que piensa durante el día. Examine la calidad de sus pensamientos. ¿Se complace en pensamientos destructivos, como el odio, la culpabilidad, la cólera o la envidia? Arránquelos de raíz y sustitúyalos por pensamientos positivos.

Si no se deshace sin contemplaciones de los pensamientos negativos, continuarán desarrollándose hasta alcanzar proporciones incontrolables. Analice sus pensamientos. Le sorprenderá comprobar su tendencia a pensar negativamente cada vez que surge una situación particular. Propóngase con toda firmeza no llevar un pensamiento negativo hasta el final. Tan pronto como advierta que sigue una dirección negativa, dígase mentalmente: «¡BASTA!», y modifíquela en sentido positivo.

Vamos a ver algunos pensamientos negativos clásicos y diversos modos de convertirlos en positivos.

● **Sacar fuerzas de flaqueza**

Negativo

«¡Dios mío! ¡Cuánto me gustaría no tener que ir a esa fiesta esta noche! Nunca sé qué decirle a la gente que me presentan.»

Positivo

«Estoy deseando ir a la fiesta de esta noche y conocer a alguna persona interesante. Me gustan mis semejantes y soy un buen oyente. Los demás disfrutan hablando conmigo.»

● Dejar de ser una víctima

Negativo

«Estoy fastidiado (o intranquilo) porque mi jefe no me ha dicho todavía si va a concederme o no el aumento de sueldo que he solicitado.»

Positivo

«Merezco un aumento de sueldo. He concedido a mi jefe el tiempo suficiente para que se diese cuenta de ello, así que me siento confiado. Hoy mismo le preguntaré su decisión.»

Negativo

«Estoy avergonzado. Mi asistenta nunca limpia los cristales de las ventanas.»

Positivo

«Mi asistenta hace un buen trabajo, si se exceptúan los cristales de las ventanas. Se lo advertiré con amabilidad, pero también con firmeza.»

(Si su asistenta viene a hacer la limpieza mientras está usted en su trabajo, déjele una nota o llámela por teléfono. Pero tenga en cuenta que, si no se lo dice, nada cambiará.)

● Preocuparse de sí mismo

Negativo

«He perdido mi vida, nunca me ha sucedido nada bueno.»

Positivo

«Hoy es el primer día del resto de mi vida. Todo será diferente hoy. He decidido concederme algún pequeño placer (dar un paseo por el campo, ir al cine o a la sauna, comer un plato que me gusta especialmente). Me lo merezco.»

Negativo

«Estoy roto, pero no puedo relajarme porque aún tengo que fregar los cacharros.»

Positivo

«Me controlo perfectamente y soy yo quien decide cuándo he de fregar los cacharros. Ahora estoy cansado y lo más importante es descansar. Me lo merezco. El fregado puede esperar hasta más tarde, o hasta mañana, o hasta dentro de una semana.»

● La imagen de sí mismo

Negativo

«Me asusta pensar en la presentación que tengo que hacer la semana que viene. Todo el mundo me estará mirando, y eso me pondrá nerviosísimo.»

Positivo

«He preparado bien mi presentación. Sé lo que quiero decir y deseo que los demás compartan mis opiniones. Les interesará lo que tengo que decirles.»

(Obviamente es importante realizar en casa un trabajo previo. No existe pensamiento positivo capaz de ayudarle a triunfar en este caso si no ha preparado antes su presentación.)

Hay ciertas reglas que deben observarse cuando se trata de preparar los nuevos pensamientos positivos.

● Evite las frases negativas

No se diga nunca: «No tengo miedo». Dígase: «Estoy tranquilo y relajado». En otras palabras, piense en lo que *quiere,* no en lo que *no quiere.*

● Utilice frases en presente

En la medida de lo posible, no piense en el futuro. Dígase: «Me siento seguro de mí mismo cuando hablo con otras personas», mejor que: «Me sentiré seguro de mí mismo cuando hable con otras personas». La mente subconsciente toma las cosas al pie de la letra, de forma que, si le habla de algo que ocurrirá en el futuro, el subconsciente esperará a ese futuro, cuando es importante que usted se sienta seguro de sí mismo *ahora,* si quiere sentirse seguro cuando el acontecimiento tenga lugar realmente.

● Repítase sus nuevos pensamientos positivos

Como comprobará, los antiguos pensamientos negativos resurgen tan pronto como uno «deja de vigilarlos». Las viejas costumbres, como las malas hierbas, nunca mueren y tendrá que persistir en reemplazar esos pensamientos cada vez que se pesque a sí mismo entregándose a ellos. Y ya verá, no obstante, que sus esfuerzos acabarán por obtener su recompensa. Los pensamientos positivos comenzarán a aparecer de manera espontánea, y el pensar constructivamente se convertirá en una segunda naturaleza.

● Empiece hoy mismo

En uno de los ejemplos que presenté anteriormente, afirmé que los primeros pensamientos de la mañana al despertarse determinan el modo en que se desarrollará después el día para el sujeto. Veamos algunos ejemplos más de cómo se puede programar a sí mismo para disfrutar de un buen día.

● Voy a tener un día estupendo. Soy una persona competente y abierta a las ideas nuevas y llevo a cabo mis tareas con eficiencia y facilidad.

● Me gusto a mí mismo y gusto a mis semejantes. Trabajo bien en colaboración con otros. Soy una persona constructiva y deseosa de cooperar y encuentro fácil ganarme la cooperación de los demás.

● Soy una persona fácil de tratar. Abordo los problemas con calma y de manera relajada. Veo los problemas como trampolines para lanzarme a ideas nuevas. Me ayudan a adquirir más capacidades.

● Hoy es un día de armonía. Estoy en armonía con el mundo que me rodea. Distingo con toda claridad mis objetivos y sé cómo conseguirlos fácilmente.

● Hoy es un día maravilloso, que me aportará sorpresas encantadoras. Soy una persona afortunada. Atraigo la buena suerte como si fuese un gran imán.

No son más que algunos ejemplos. Elija el que le parezca más afortunado, combine varios o modifíquelos de forma que se ajusten a su situación personal, pero asegúrese siempre de cumplir las reglas que hemos dado en la página 23.

Sin duda le será de gran utilidad anotar sus pensamientos positivos en una hoja de papel y releerlos varias veces al día. Después de leerlos unas cuantas veces, se los sabrá de memoria. Continúe repitiéndoselos con insistencia, a fin de imprimirlos en su mente subconsciente.

Una advertencia, sin embargo. Cuando empiece a repetirse cualquiera de esas consignas positivas, se sentirá probablemente ridículo. Al mismo tiempo que se esté diciendo: «Hoy es un día maravilloso», habrá una vocecilla que le murmurará: «De maravilloso, nada. Está lloviendo y no me apetece en absoluto ir a trabajar». Esos pensamientos negativos pueden venir a interrumpirle al principio con muchísima frecuencia. Es como si se desarrollase dentro de su mente una antigua cinta magnetofónica, una cinta que se propusiese ridiculizar sus nuevos pensamientos («¡Déjate de niñerías! Sabes muy bien que *no* es un día maravilloso»). En este primer estadio, las tentaciones de abandonar son grandes. A nadie le gusta ponerse en ridículo, ni siquiera en privado, pero desde el momento en que se decida a ser un pensador positivo, no puede ya seguir formando parte de los desertores.

Para ayudarse a superar esa dificultad inicial, recurra al truco siguiente. Imagínese que está representando un papel. Finja que es otra persona, una persona distinta, decidida y segura de sí misma, tranquila y sosegada. Elija un modelo y pretenda que *es* esa persona. ¿Acaso Superman, al entrar en la cabina telefónica, se preocupaba en absoluto de si iba a materializarse su maravillosa vestimenta o si se quedaría en calzoncillos? Bueno, pues figúrese que es usted Superman (o Superwoman) en este aspecto. *Actúe* con confianza, aunque sus sentimientos le contradigan. *Insista* en que de verdad quiere cambiar sus pautas mentales para mejorarlas. El primer paso le está reservado exclusivamente. Antes de que pueda convencer a otras personas de la realidad de su nueva imagen positiva, tiene que haberse convencido a sí mismo. He aquí cómo lograrlo.

- Mírese a un espejo y diríjase a sí mismo una sonrisa triunfadora.
- Dígase que, a partir de hoy, las cosas cambiarán en sentido favorable.
- Dígase que acaba de partir de nuevo. Todo cuanto alguien haya dicho en el pasado sobre usted es nulo y sin valor. Desde ahora, es *usted* quien decide lo que ha de pensar acerca de sí mismo, y ha decidido que pensará siempre *bien*.
- Repítase su nueva consigna, aunque alguien le venza en la carrera por ocupar el último asiento libre en el metro. No se pone en *ridículo* por eso. Simplemente se asegura de que conservará la energía. Está a punto de conseguir grandes cosas y no se dejará abatir por trivialidades semejantes.

Mantenerse acorde
con la mente subconsciente

La mente subconsciente no se ocupa sólo de almacenar los recuerdos y los sentimientos. Es también la sede de la creatividad, la intuición y las ideas, todas ellas cosas intangibles.

La intuición se presenta de repente, apuntando en una dirección particular. Se le pasa una idea por la cabeza mientras está cortando el césped y, en un segundo, ya tiene la solución de un problema sobre el que lleva días pensando. Su mente subconsciente le ha ayudado a idear la solución.

Si es usted un artista, su mente subconsciente le ayudará del mismo modo, proporcionándole una inspiración o una idea creativa para su próxima obra. Las profesiones creativas ponen al sujeto más en contacto con el subconsciente de lo que lo hacen otros muchos tipos de trabajo. La creatividad se considera casi siempre como una cualidad indeseable en el ámbito del trabajo, porque tiende a perturbar la rutina e, incluso a veces, parece amenazar la autoridad del jefe, sobre todo cuando es alguien que ocupa uno de los puestos más bajos quien tiene la buena idea y no el jefe.

Las buenas ideas no son siempre bien apreciadas ni puestas en práctica, y muchos de nosotros podemos confirmar que, por cada buena idea, hay como mínimo diez personas que la tachan de irrealizable. Con mucha frecuencia, la rutina destierra la flexibilidad, haciendo el trabajo y la vida en general mucho más duros al imponer límites innecesarios y al volver las cosas aburridas.

En nuestros tiempos, se *supervaloran* con mucho las hazañas de la mente racional (que, como recordará, constituye la parte menor del conjunto de nuestra capacidad mental), *subestimando* en el mismo grado las fuerzas subconscientes. En general, creemos exclusivamente en aquello que podemos ver y tocar. Creemos sólo en las cosas que son mensurables y que van acompañadas por tablas llenas de cifras y datos experimentales. La creatividad, la intuición y las ideas tienden a situarse en un rango mucho más bajo (excepto en aquellas ocasiones en que se demuestra que son capaces de aportar mucho dinero), debido a que no son mensurables y a que, por lo tanto, no existen oficialmente. Y, no obstante, pensándolo bien, hay que reconocer que todo cuanto el hombre ha conseguido empezó por ser una idea. Alguien tuvo una vez un relámpago de intuición y fundó la empresa para la que usted trabaja ahora. Alguien tuvo una vez una idea y empezó a construir el primer coche... Y así sucesivamente.

NOTA: *Toda obra comienza por una idea.*

Piénselo. ¿Qué fue lo que le impulsó a comprar este libro? Tal vez vio el título, o la cubierta, y éstos le inspiraron una idea sobre cómo resolver uno de sus problemas. Probablemente repasó entonces el índice para comprobar si había alguna sección dedicada a ese problema, y leyó luego media página de dicha sección y, por último, compró el libro.

Las ideas nacen por casualidad. No se puede forzarlas. No tienen nada que ver con la fuerza de voluntad. Cuanto más se esfuerza uno por lograr una idea, menos probabilidades tiene de que surja. Cuanta mayor fuerza de voluntad se aplique, menos seguro es el llegar al subconsciente. Las ideas brotan cuando uno «no mira», cuando está pensando en algo completamente distinto.

Tampoco la intuición tiene nada que ver con la fuerza de voluntad. La intuición es una fuerza directriz que nos guía de manera en apariencia irracional y que con tanta frecuencia resulta ser certera.

La mente subconsciente no cesa de trabajar en nuestro favor. Incluso cuando *hemos dejado* de pensar en un problema, la mente subconsciente continúa dándole vueltas y, cuando uno está lo bastante relajado para escuchar esa voz interior, el subconsciente le presenta la solución en forma de una intuición o una idea. Puede ocurrir durante el día, o de noche, a través de un sueño (si bien en forma disfrazada).

Los sueños son un vehículo para descargar las ansiedades y los temores acumulados durante el día y, por lo tanto, capacitan para dormir. Si no soñáramos, las ansiedades nos mantendrían despiertos y seríamos incapaces de recobrar las energías durmiendo.

Si queremos aprovechar los servicios de nuestro subconsciente, necesitamos adquirir un sentido que nos permita oír la «voz interior». Es muy importante mantener la mente racional bajo control, pues, de lo contrario, se impone y bloquea la mente subconsciente. La preocupación constante y el permitirse en general «pensamientos de catástrofe» convierte al sujeto en extraordinariamente sordo a toda idea constructiva.

Si desea sacar ventaja de su intuición y sus ideas creativas, tiene que aprender a desconectarse parcialmente de la mente consciente. Ya lo hace a veces de manera natural, sin saberlo. Recuerde esas ocasiones en que está sentada ante su mesa de despacho y se queda mirando por la ventana, sin ver nada en particular, sin advertir lo que ocurre a su alrededor, sólo pensando en algo con una concentración tal que lo *ve* en realidad ante sí. En esos momentos, ha caído en una especie de ensoñación. Su mente racional se halla entonces un tanto adormecida, permitiéndole vagabundear a través de sus sentimientos o pensamientos que se presentan por sí solos. Mientras sueña despierto, está completamente absorto y se mantiene absolutamente inmóvil. Pero esto sólo es posible cuando no hay ninguna preocupación. Tan pronto como empiece a preocuparse, empezará también a agitarse. La preocupación es una interferencia de la mente racional y se precisa mantener a ésta bajo control si se desea disfrutar de los beneficios del subconsciente.

Me gustaría que intentase ahora los ejercicios siguientes, con objeto de que pueda:

● Calcular por sí mismo lo fácil o lo difícil que le resulta relajarse.

● Tomar conciencia de la diferencia entre estar alerta y estar relajado.

● Abrirse paso hasta su mente subconsciente.

Ejercicio de Respiración

● Adopte una postura cómoda, ya sea sentado o acostado.

● No cruce ni los brazos ni las piernas (cruzar los brazos o las piernas provoca tensión física).

NOTA: *La tensión física provoca tensión mental. La tensión mental provoca tensión física.*

● Apóyese una mano en el estómago, justo por encima del ombligo.

● Compruebe los principales puntos de tensión y relájelos conscientemente:

aflojando las mandíbulas;

dejando caeer los hombros;

abriendo las manos.

● Cierre los ojos y tome conciencia de la posición de su cuerpo en la silla o en la cama. Concéntrese por un instante en la cabeza, luego, sucesivamente, en los brazos, el tronco, las piernas.

● Preste oído a su respiración durante diez inspiraciones. No haga nada. No tiene importancia que respire rápida o lentamente. Limítese a escuchar.

● Empiece ahora a respirar profundamente. Al inspirar, asegúrese de que el movimiento se inicia en el vientre. Si lo hace bien, notará que la mano que tiene apoyada en el estómago se alza al henchirse el vientre. Al espirar, la zona del vientre se deshincha y la mano desciende con ella.

● Haga diez inspiraciones profundas a partir del vientre y conserve en cada ocasión el aire en los pulmones mientras cuenta hasta cinco. Después, exhálelo.

● Deje que su respiración vuelva a la normalidad.

● Tense suavemente todos los músculos y, al ir relajando la tensión, abra los ojos. Se sentirá ahora físicamente en calma.

PROBLEMAS POSIBLES

¿Ha encontrado difícil hacer que su vientre se alzase al respirar?

Con los ojos abiertos, intente redondear el vientre, impulsándolo hacia afuera mediante los músculos. Deje la mano apoyada en el estómago para ver cómo se realiza el movimiento. A continuación, combine el empuje de los músculos con la inspiración del aire. Por último, trate de inspirar únicamente, convirtiendo la respiración en la fuerza que alza su vientre.

¿Ha descubierto que no se sentía relajado al final del ejercicio?

¿Está muy preocupado por algo? Cualquier problema que tenga se interferirá con el ejercicio, haciéndole más difícil el concentrarse. Esto es normal. No se resista a esos pensamientos inoportunos, ya que la resistencia causa tensión. Dígase simplemente: «Me doy cuenta de que estoy preocupado por algo. De acuerdo. Pero ya me preocuparé inmediatamente después de terminar el ejercicio. Ahora voy a continuarlo». Repítase esto cada vez que advierta que pensamientos de preocupación interrumpen su ejercicio.

¿Se esfuerza demasiado por relajarse? No intente ser perfecto. Este ejercicio *no* resolverá todos sus problemas, sólo le ayudará a aliviar cualquier tensión a la que pueda estar sometido. Por lo tanto, no espere estar comatoso al final del mismo. Hacer este ejercicio es como tomar cierta distancia con respecto a la vida diaria. Ni más ni menos.

NOTA: *Cuanto más se esfuerce por relajarse, menos lo conseguirá.*

¿Se indigna contra sí mismo por no saber relajarse mejor? ¿Le parece insoportable no ser un supercampeón en todo cuanto hace? ¿Se fuerza a sí mismo con dureza en todo aquello que emprende? Si está obligado a responder afirmativamente a estas preguntas, ya es hora de que comience a tratarse un poco mejor.

Hasta ahora, se ha mostrado supercrítico e impaciente. En otras palabras, se comportaba mal consigo mismo. No lo haga. Se *merece* una pausa y tiene derecho a cometer errores y faltas como cualquiera. Trátese a sí mismo como a un bebé, con todo amor y suavidad. Y ahora, intente el ejercicio de nuevo, verá como lo hace mejor esta vez.

Puede hacer este ejercicio en cualquier parte, en el autobús, en el metro, en la sala de espera del dentista, cuando se sienta agotado y no disponga de tiempo para echar una siesta, cuando esté demasiado tenso. Respirar adecuadamente le ayudará a disminuir su ansiedad, recargará sus baterías y le permitirá pensar con claridad.

Respirar profundamente significa que todos los pulmones, no sólo las partes superiores, se llenan de aire, con lo cual pasa a la sangre una cantidad superior de oxígeno. Se necesita oxígeno para que el cerebro funcione de modo apropiado. Más aún, la respiración profunda afloja y relaja los músculos del vientre y del plexo solar, región situada cerca del estómago, en la que terminan un gran número de nervios. La relajación del plexo solar permite que los órganos internos trabajen adecua-

30

damente. Gracias a la respiración profunda, se crea la armonía física.

Ejercicio de las vacaciones imaginarias

● Pruebe a hacer este ejercicio inmediatamente después del ejercicio de respiración, o elija un momento en que esté lo bastante relajado por la causa que sea. Tendrá que practicar las «vacaciones imaginarias» en condiciones de no tensión, antes de ser capaz de aplicarla a las situaciones difíciles. Cuidado, pues, con los perfeccionismos...

● Busque una postura cómoda y cierre los ojos.

● Empiece por recordar una maleta o un bolso de viaje de su propiedad. Véala mentalmente sobre la cama, ya preparada. Mientras contempla la maleta abierta, repítase para sí mismo la palabra «vacaciones». Adopte un humor festivo, anímese. Vea la escena en su mente y sienta el regocijo de estar a punto de partir hacia el lugar en que preferiría pasar esas vacaciones. No importa el dinero. En realidad, cuando más caro sea ese lugar, mejor.

● Ya está preparado para salir. Cierre la maleta. Se encuentra ahora en el aeropuerto, en la estación del ferrocarril o en el puerto (no hay que decir que ha venido hasta aquí en una limusina con chofer uniformado), montando en su avión, su tren o su barco.

● Ha llegado ya a su destino. Es un lugar magnífico, exactamente como le gustaría que fuese. Observe mentalmente cada detalle, las montañas, el mar, la playa, los árboles, el campo, cualquier cosa que haya escogido.

Véase a sí mismo moviéndose en este escenario, disfrutando de su belleza, *sintiendo* la sensación de gozo de hallarse en ese ambiente espléndido. Permanezca allí, inmerso en su ensoñación, haciendo una experiencia completa de sus vacaciones imaginarias.

● Cuando quiera regresar, tense suavemente todos los músculos, reléjelos de nuevo y abra los ojos. Pero no borre la sonrisa de su rostro... Le sienta bien.

PROBLEMAS POSIBLES
¿Ha encontrado difícil imaginar sus vacaciones?
Quizá hace demasiado tiempo que no ha utilizado la imaginación y, por lo tanto, la tiene «oxidada». Para recuperar su capaci-

dad de imaginar o fantasear, empiece por un objeto de su habitación, una planta, el teléfono, un cuadro, cualquier cosa. Examínelo a fondo, observando cada pequeño detalle.

Una vez que lo haya hecho, cierre los ojos y descríbase el objeto, recordando el mayor número posible de detalles. Abra de nuevo los ojos y compruebe si se acordaba con precisión del objeto. Con cuanta mayor frecuencia practique esta operación, más práctico se hará en la labor de pintarse algo mentalmente. El hecho de que pueda recordarlo significa que ha creado una representación mental de ese algo. No podría describir nada que no pudiese imaginar. Al mejorar su imaginación, mejorará automáticamente su memoria.

¿Le costó trabajo disfrutar de sus vacaciones?

¿Qué fue lo que echó a perder su ensoñación? ¿Encontró imposible imaginar algo como enteramente placentero, sin ningún defecto? Quizá considere este ejercicio poco realista y me diga que la última vez que estuvo en Mallorca fue a parar a aquel pequeño antro próximo a la carretera nacional, donde sospecha que la camarera le robó los pendientes, puesto que después no consiguió encontrarlos... Me temo que no ha pescado usted el quid del ejercicio.

Todos sabemos que la vida no es perfecta. Siempre hay en ella altibajos y obstáculos inesperados. Las cosas son como son, tanto si nos hacen sentirnos felices como desdichados. No podemos hacer nada en cuanto a los acontecimientos no predecibles que surgen en nuestra vida. Sin embargo, sí podemos influir sobre el modo en que nos enfrentamos a ellos.

Podemos elegir el punto de vista desde el que contemplamos los problemas, un punto de vista positivo o negativo. Podemos elegir entre ser felices o desgraciados. Hagamos lo que hagamos, los problemas continuarán presentándose. Así que o nos sentamos angustiados en un rincón, esperando el próximo desastre y llevando una vida absolutamente infeliz, o encaramos los problemas cuando se nos vienen encima, tratando de solucionarlos en la medida de lo posible y pasándolo bien entretanto. A propósito, ¿está *completamente* segura de no haber perdido los pendientes en la playa...?

Las vacaciones imaginarias son, por qué negarlo, un ejercicio de evasión, pero de eso se trata precisamente. Lo mismo que la

32

respiración profunda, dan al cuerpo y a la mente la oportunidad de relajarse y de recuperar la energía perdida y permiten alejarse un tanto de la rutina diaria, dejando al sujeto descansado y de buen humor. Las vacaciones imaginarias están destinadas a hacerle sentirse bien, y sólo cuando imagine algo verdaderamente hermoso, obtendrá el máximo resultado de este ejercicio.

La creación de su programa de éxito personal

En esta vida cada uno recibe lo que merece, pero sólo el triunfador lo admitirá. No existe en el cielo un departamento encargado de la distribución del éxito. Todos y cada uno de nosotros tenemos que trabajar para lograr la felicidad y el triunfo.

Algunas personas de las que asisten a mi seminario me han afirmado que se sienten gobernadas por su ambiente, su situación financiera, su pareja, su jefe o el tipo de trabajo que desempeñan, asegurando que no tienen la menor esperanza en cuanto a las posibilidades de introducir un cambio favorable en su vida. Todos los factores externos les resultan tan abrumadores que sus esfuerzos parecen condenados de antemano al fracaso.

Cuando les pregunto a esas personas qué han hecho en realidad para cumplir su objetivo, se deduce de sus respuestas que no han hecho nada en absoluto, ya que piensan que no les daría ningún resultado, o bien pierden el valor después del primer (y con frecuencia débil) intento y abandonan, a pesar de que, en la práctica, no encontraron la resistencia por parte del mundo exterior que se esperaban.

El cambio puede aparecérsenos como algo atemorizador. Aunque nuestra situación presente sea desagradable, consideramos preferibles sus embrollos y sus dificultades a aventurarnos en un territorio nuevo, arriesgándonos a recibir una herida al intentar enfrentarnos con situaciones no familiares. Es un poco como la muela que deja de dolernos tan pronto como nos sentamos en la sala de espera del dentista. De repente, nos damos cuenta de que el daño no es tan grave y que no hay motivo para hacer perder el tiempo al dentista. Probablemente no será nada. Y cuando hemos de discutir una cuestión difícil con un colega, no es raro que empecemos a clasificar papeles o a hacer pequeños arreglos en la oficina, esos trabajos que en general aborrecemos, sólo para evitar el hablar con ese colega.

Lo mismo sucede cuando se trata de introducir cambios en nuestra vida. Nos asustan y tratamos de evitarlos, aunque pensemos que los resultados serán muy favorables para nosotros. Nos gusta cómo suena el final del viaje, pero no el viaje en sí. Por ejemplo, me encantaría adelgazar, pero no esforzarme por hacerlo.

Cambiar su vida en sentido favorable significa aprender cosas nuevas, lo cual no es siempre fácil, pero sí muy gratificante, por lo que saldrá del proceso como una persona más segura de sí misma y con mayor confianza en sus propias cualidades. Descubrirá también que, después de un cierto tiempo, se le hace más fácil manejar las situaciones no satisfactorias, simplemente porque no perderá el tiempo *preocupándose* y pasará más *actuando*. Se levantará y hará algo por resolver los problemas, en lugar de diferirlos. Dejar las cosas de lado no soluciona nada. Sólo añade el problema del tiempo.

No hay ningún interés en posponer el trabajo de conseguir la felicidad. Cuando uno está estudiando, se dice: «Seré feliz cuando termine mis estudios». Luego, una vez terminados, se dice: «Seré feliz cuando encuentre una colocación». Cuando la encuentra, sigue condicionando su felicidad al hecho de tener una esposa o un marido, una casa y, más tarde, al momento en que sus hijos se independicen. Y así, sin notarlo, llega a la vejez y advierte que la vida ha pasado sin vivirla realmente. Mucha gente desperdicia su vida esperando «la» gran felicidad, sin prestar atención a las muchas felicidades más pequeñas que salpican su recorrido.

No deje que esto le suceda. Empiece a disfrutar de la vida *ahora mismo*. Cuando comience a vivir aquí y ahora, en vez de vivir en el pasado o en el futuro, descubrirá un gran número de cosas que le causan placer. Le bastará con buscarlas y las encontrará por todas partes. Hágase a la idea de que hoy va a ser feliz, y será feliz. Inténtelo. Ya verá como funciona.

Su mayor enemigo en el camino hacia una vida mejor (un enemigo muy próximo) es probablemente el hábito. Estamos tan acostumbrados a hacer las cosas de una manera determinada, a pensar siguiendo ciertas líneas, a reaccionar de manera tan automática ante ciertas situaciones que damos casi siempre la impresión de haber puesto en marcha, dentro de nuestra mente, un «piloto automático». Tal es el motivo de que nos parezca prácticamente imposible cambiar. Cuando se trata de un hábito muy sencillo, como el fumar o el comer entre horas, podemos imaginar como factible el abandonarlo, sobre todo cuando hemos bebido bastante champaña, es el 31 de diciembre y todavía queda mucho champaña que beber.

En cambio, romper un hábito como el de preocuparse o el de reprimir la cólera justificada nos parece que está fuera de nuestro control, porque creemos que esos hábitos se deben a factores externos. Creemos que nos es imposible dejar de preocuparnos si nuestro cónyuge no llega a casa a la hora debida. Creemos que nos es imposible protestar en un restaurante caro cuando nos han servido un plato infecto. En lugar de eso, decimos: «No volveré a poner los pies aquí». Y nos vamos a casa y nos pasamos toda una semana reprochándonoslo.

Abundan las excusas para negarse a cambiar: «¿Cómo no voy a *preocuparme* con tantas inquietudes como *tengo*?». «No puedo quejarme. Sería demasiado descortés.» ¡Tonterías! Piénselo. No conseguirá nada preocupándose. Si su marido ha sufrido un accidente, ya no puede evitarlo. Si sospecha que su mujer tiene un amante, haría mejor en preguntárselo y salir de dudas, en vez de quemarse la sangre. El hecho de quejarse en un restaurante no le obliga a ser descortés. No hay nada malo en señalar que no le ha convencido una comida mal preparada. *Es posible* cambiar esos hábitos. Otros lo han hecho, ¿por qué no usted?

Si quiere que su vida sea más positiva, hay ciertos puntos a los que necesitará prestar atención.

● Asuma la responsabilidad de sí mismo, de sus actos y sus sentimientos. Son suyos, y es usted la única persona capaz de influir sobre ellos. No espere que cambie el mundo exterior. No lo hará.

● Haga balance. ¿Cuál es su situación presente? Examine cada uno de sus aspectos: salud, finanzas, trabajo, situación afectiva, imagen de sí mismo, etcétera. ¿Cuáles de esos aspectos le gustaría mejorar?

● Redacte una lista de las cosas que desea cambiar, anotándolas por orden de prioridad. Enfréntese a ellas una por una. Es preferible luchar con una sola que hacer intentos poco entusiastas con respecto a varias.

● Tome el primer punto de su lista. ¿En qué consiste exactamente el problema? Aíslelo y determine cuáles son los factores externos que entran en juego y cuáles son sus propias actitudes que agravan la situación. Supongamos que está que echa chispas porque tres dependientes de la tienda en que ha entrado están charlando entre ellos mientras usted espera a que le atiendan. El factor externo es que los dependientes no cumplen sus obligaciones. El factor interno consiste en que es usted demasiado tímido para atraer su atención. Siempre habrá dependientes que prefieran charlar a trabajar, pero no por eso tiene usted que ser tímido durante el resto de su vida.

Verá que, en la mayor parte de los casos, no es mucho lo que puede hacer para modificar los factores externos. Por lo tanto, el punto de ataque se encuentra en sus actitudes.

● Fíjese un objetivo. Muéstrese preciso en lo que quiere. No diga: «Me gustaría ser más popular», sino: «Me gustaría sentirme más cómodo cuando voy a alguna fiesta». Sea realista en sus metas. No diga: «Quiero tener un tipo como el de Racquel Welch», sino: «Quiero adelgazar los kilos que me sobran».

● Empiece por efectuar el trabajo de base. Si su objetivo es sacar el carnet de conducir, tendrá que practicar los cambios de dirección. Todo el pensamiento positivo del mundo no le ayudará a aprobar el examen si no se prepara previamente para él.

Si quiere atraer a otra persona, procure tener un aspecto atractivo. Los rulos en el pelo y un cigarrillo colgando en el extremo de la boca no son lo más apropiado para volver a un hombre loco de deseo, como tampoco una camisa sucia sobre un vientre prominente y una apariencia general desaliñada arrojarán a las mujeres a los pies de ningún hombre.

● Elimine de su vocabulario la expresión «no puedo». Si dice «no puedo», se está poniendo límites a sí mismo. Piense en el abejorro. Según las leyes de la aerodinámica es imposible que vuele, dada la proporción entre el peso de su cuerpo y la superficie de sus alas. Ahora bien, como el abejorro desconoce las leyes de la aerodinámica, vuela.

NOTA: *Usted puede porque piensa que puede.*

● Prepárese tanto desde el punto de vista físico como desde el mental. Asegúrese de que su mente está en las mejores condiciones antes de empezar a trabajar sobre su primer punto. Haga a diario, por lo menos durante tres semanas, uno de los ejercicios de relajación descritos en las pp. 28-33. Adquiera el hábito de relajarse como mínimo una vez al día y comprobará que se le hace más fácil el desconectarse. Esto le ayudará a conservar la energía, tan necesaria para las tareas que le esperan.

● Empiece el día poniéndose frente a un espejo y diciendo: «A partir de este momento, las cosas han comenzado a cambiar en sentido favorable». Y dígalo *en serio.*

● Véase alcanzando su objetivo. Si es capaz de imaginar algo, también es capaz de convertirlo en realidad. Si quiere adelgazar, véase mentalmente como una persona delgada, llevando un traje de una talla más pequeña, imagínese frente a un espejo con ese traje y vea la sonrisa de orgullosa satisfacción que se dibuja en su cara.

Si hubo un tiempo en que estuvo más delgado, busque una fotografía de aquella época y llévela siempre consigo. Saque también una falda o unos pantalones que tenga arrinconados desde entonces y déjelos fuera para mirarlos de vez en cuando, diciéndose: «Dentro de poco, los usaré de nuevo».

Pueble su mente con imágenes de su nueva personalidad. Si es un hombre y se pone nervioso cuando habla con una mujer, imagínese entablando la conversación, lleno de confianza en sí mismo, hablando sin dificultades. Vea a su interlocutora escuchándole atentamente, disfrutando con su charla, sonriéndole. *Véase* triunfante, y *triunfará.*

● Deje de buscar excusas y empiece *ahora.*

Algunos tipos de personalidad y sus estrategias

Describiré en este capítulo una serie de personalidades diversas, con sus idiosincrasias respectivas.

37

He de señalar que no existe nadie que encaje enteramente en una de estas categorías. Todos nosotros somos un compuesto de elementos pertenecientes a los distintos tipos, elementos que se han ido desarrollando a lo largo de los años. Cierto que se nace con una personalidad determinada, pero esa personalidad está también sujeta a las influencias externas.

Si tiene usted hijos, confirmará el hecho de que la personalidad se hace evidente desde una edad muy temprana. Un bebé dormirá toda la noche de un tirón, mientras que otro llorará con frecuencia. Un niño será vivaz, curioso, y rápido para el aprendizaje; otro será plácido y tranquilo, más lento en su desarrollo.

En los años siguientes, todo depende en gran proporción del ambiente que rodea al niño vivaz o al tranquilo. Si en ese ambiente se mira la vivacidad como una cualidad positiva, lo más probable es que el niño acabe por aprender a canalizar su energía en un sentido útil. Si se considera la vivacidad como deseable (lo que suele ser el caso con los chicos, pero no con las chicas) y se concede al pequeño libertad total para adoptar este comportamiento vivaz en todas las ocasiones, el niño se volverá muy indisciplinado al carecer de límites.

Por el contrario, si los padres y/o los maestros definen al niño vivaz como hiperactivo y travieso, el chiquillo tropezará con toda suerte de problemas por su «conducta negativa». El castigo, de la clase que sea, seguirá a toda muestra de vivacidad, con lo que el niño aprenderá a reprimirla o empezará a manifestarla de un modo exagerado, provocando que se le impongan más castigos, lo cual, a su vez, hará que se comporte de manera más desorganizada, hasta que acaba por ser el molesto mocoso que sus padres han dicho siempre que era.

Es el tipo, *por excelencia,* de la profecía que se autocumple.

También la timidez puede ser calificada de distintas formas. A veces, se la identifica con los «buenos modales» y, por lo tanto, se considera apropiada y deseable; a veces, se la censura y se castiga como «falta de confianza en sí mismo» y «estupidez». El modo en que se tratará más tarde al niño y el modo en que se desarrolle depende de esta calificación inicial.

El niño reputado de tener «buenos modales» se desarrollará como una persona muy inhibida, incapaz de desahogar sus sentimientos, sean buenos o malos. Al que se juzga como «falta de confianza en sí mismo» padecerá un complejo de inferioridad y nunca logrará nada. Cuesta verdadero trabajo mantenerse en el justo medio, ¿verdad? Hay que perdonar a los padres, puesto que todos estamos expuestos a cometer errores cuando nos convertimos a nuestra vez en padres.

Dado que la influencia ejercida por padres, hermanos, maestros y compañeros de clase es particularmente fuerte durante la niñez, se puede afirmar que las aptitudes y el ambiente social de un niño tienen un impacto considerable sobre su vida. Como un pequeño de seis años no puede hacer las maletas, decir: «¡Basta ya! Estoy harto de que me tratéis como a un idiota. Al fin y al cabo, soy el único tío que hay aquí capaz de comprender los ordenadores» y salir dando un portazo, tiene que seguir escuchando las quejas paternas acerca de sus fallos, hasta que le *esté permitido* marcharse, cosa que no estará a su alcance hasta transcurridos diez años como mínimo. Para esa época, la idea de que no es una persona valiosa se hallará ya firmemente asentada en su espíritu.

También aquí se trata de un ejemplo extremo, ya que a la mayoría de nosotros se nos ofrece durante la infancia una mezcla razonable de alabanzas y reprobaciones. No obstante, parece ser que nadie sale sin combate de la crisálida de la niñez. Ciertos acontecimientos y ciertas observaciones pueden habernos afectado más de lo que creíamos en aquel momento y siguen todavía ejerciendo su influencia sobre nosotros. Todos tenemos nuestra propia historia. Todos hemos de librar nuestros combates, lo mismo que hicieron nuestros padres, que se vieron obligados a enfrentarse a los suyos de una manera o de otra.

Esto no significa que estemos determinados por el pasado para siempre jamás. Si no le gusta el modo en que le trataron sus padres, siempre puede, una vez que haya crecido, elegir amigos que le traten de otro modo. Si durante los últimos veinte años ha reaccionado airadamente cada vez que alguien le empujaba por descuido en la calle, es lógico que necesite un cierto tiempo y esfuerzo para dominar esa reacción colérica, pero puede hacerlo, con lo cual habrá pagado un precio muy módico por evitar una úlcera gástrica.

En este capítulo, se incluyen también algunos rasgos de personalidad descritos en términos exagerados, rozando casi la caricatura. Será raro que llegue a conocer a alguien así en la realidad, pero sí encontrará gente que muestre, en mayor o menor extensión, una tendencia hacia uno de esos tipos.

Estos esbozos están destinados a ayudarle a descubrir sus puntos débiles, aquellos que tal vez requieran una dosis de pensamiento positivo. Por lo tanto, acéptelos con reserva y utilícelos como una simple guía. Y no necesita arrojarse bajo un tren porque obtenga la mayoría de sus puntos en la sección de los «hipócritas». Si le ocurre así, sólo querrá decir que es usted sincero consigo mismo y que esto, a su vez, contribuirá a convertirle en una persona mejor de lo que es en la actualidad.

El patrocinador

El patrocinador, ya sea un hombre o una mujer, tiene en la cabeza una imagen muy definida del mundo. Cualquier cosa que oiga, vea o experimente, se las arregla para calificarlo, sin la menor ambigüedad, de buena o mala, acertada o errónea. Los patrocinadores han modelado su mente de una vez por todas: esto es así, y sanseacabó. El patrocinador no se preocupa de si existen o no zonas grises entre las áreas blanca y negra de la vida.

Dotado de una voz muy sonora, se dedica a predicar el evangelio. Tanto si desea oírle como si no, el patrocinador le dará a conocer su opinión sobre todo tema que se presente. Si ha estado alguna vez en el hospital, recordará sin duda a aquella enfermera marimandona que irrumpía en su habitación a las cinco de la mañana para tomarle la temperatura, diciendo con voz tonante: «¿Todavía durmiendo? ¡Pero qué perezosos somos! ¡Vamos, señor Martínez, abra la boca!». Y si usted pretendía saber qué eran las nuevas tabletas que acababa de darle, le miraba con aire de reproche y le replicaba: «*Tenemos* que obedecer las órdenes del doctor, ¿no es verdad, señor Martínez?». En otras palabras, le ponía a usted en su lugar, puesto que, de acuerdo con su código, al paciente no le está permitido poner en duda la autoridad del médico (o la suya), y eso era lo que usted pretendía hacer.

Fíjese también en el uso continuado del «nosotros» en lugar del «usted». Usted ha dejado de ser por sí mismo una persona y, de todos modos, la enfermera tiene más conocimientos, de forma que le toma bajo sus alas maternales, pero exasperadamente patrocinadoras, integrando la persona del paciente en la suya propia. Y es así como nace el «nosotros».

Las críticas brotan rápidas y duras de la boca de los patrocinadores, unas críticas no siempre constructivas. Y aunque se les ocurran buenas ideas, los demás tienden a rechazarlas por el simple hecho de que les molesta cómo las expresan.

LOS ASPECTOS BUENOS DEL PATROCINADOR

El patrocinador está con frecuencia muy bien informado y se propone realmente ayudar a los demás.

LOS ASPECTOS PROBLEMÁTICOS DEL PATROCINADOR

El patrocinador tiende a ser rígido en sus puntos de vista. Suele formar sus opiniones en una época temprana de su vida y nunca las ha confrontado después con la realidad. Los patrocinadores pueden ser un tanto retrógrados y formar parte de ese tipo de gente que cree todavía que un circuito integrado es una clase determinada de pista de carreras.

Los patrocinadores están tan seguros de sus opiniones que se inclinan a pronunciar sermones, en lugar de entablar un diálogo con los demás. Tampoco son conscientes de que hieren los sentimientos de las personas a las que critican duramente («Lo digo sólo por su bien»). Y esto les vuelve impopulares, debido al fastidio o al temor que despiertan.

EL ESTADO INTERIOR DEL PATROCINADOR

Las opiniones rígidas son el signo de una inseguridad fundamental. Cuando el mundo nos parece un lugar atemorizador y confuso, adoptar una estructura rígida proporciona una especie de pretil de seguridad al que aferrarse. Los puentes, e incluso los rascacielos, se construyen de forma que puedan balancearse ligeramente cuando sopla un viento violento, y es precisamente esta flexibilidad la que evita que se derrumben durante un vendaval. Lo mismo sucede con las personas. Se desenvuelven mejor las que son capaces de adaptarse a las situaciones nuevas.

Los patrocinadores tienden a perder grandes cantidades de energía resistiéndose al cambio y, a veces, desperdician oportunidades que les favorecerían por la simple razón de que las circunstancias no encajan en sus conceptos y, por consiguiente, les asustan. («¡No, gracias! No quiero saber nada de esos ordenadores modernos en *mi* despacho.»)

El ratón

El ratón es una disculpa viviente. Incluso en la actualidad, los ratones son en su mayoría mujeres y piensan que deben disculparse por el simple hecho de haber nacido. Y si siguiesen sus propias inclinaciones, sus lápidas sepulcrales llevarían grabadas las palabras siguientes: «Perdonen por haber dejado aquí mis cenizas».

Los ratones tienen miedo de interponerse en el camino de los demás o de causarles inconvenientes. Son capaces de esperar media hora en una tienda a que dos de los dependientes acaban de charlar, antes de atraer la atención hacia sí mismos.

La mujer ratón se dedica a dar vueltas, en todos los sentidos. Da vueltas para atender a su familia, da vueltas alrededor de su jefe cuando la llama para dictarle una carta, da vueltas a la cuestión cuando le preguntan su opinión, porque se siente incapaz de decidirse por uno u otro lado de la barrera. Y si intentase mantenerse en lo alto de la misma, probablemente se caería, tan segura está de no valer para nada. (Como sabemos ya, si uno *piensa* que no sirve para nada termina, en efecto, por *no servir* para nada.)

Los ratones no son forzosamente populares, ya que su presteza en servir se considera con frecuencia como estupidez, y sus disculpas constantes aburren a la gente, en vez de suscitar su aprecio. Incluso ocurre que la palabra «no» no exista para ellos, ya que no sueñan siquiera con pronunciarla.

LOS ASPECTOS BUENOS DEL RATÓN

El ratón es servicial, considerado y de gran consuelo para las personas que lo necesitan. Por regla general, los demás le inspiran una gran compasión (lo que, sin embargo, no significa comprensión) y presta un apoyo infatigable a aquellos que están enfermos o sufren alguna otra desventaja. Las viejecillas, cuando hablan del ratón, dicen que es «un ángel».

El ratón se siente seguro con las personas que precisan ayuda, demostrando cualidades que suponen una sorpresa agradable para sí mismo y para ellas. Y como esos aspectos son ventajosos para los demás, suelen fomentarse como deseables.

No obstante, hay que subrayar que, cuando ese comportamiento servicial le lleva a eclipsarse, sin consideración por su salud o

42

bienestar, deja de ser positivo y empieza a transformarse en auto-destructor.

LOS ASPECTOS PROBLEMÁTICOS DEL RATÓN

Las personalidades fuertes no tienen dificultades para aprovecharse del ratón. Su incapacidad de decir no y su sentido intenso del deber frente a sus semejantes le hace prácticamente imposible negarse a las exigencias más irrazonables.

Los ratones no son necesariamente apreciados por sus maneras serviciales y con frecuencia fastidian con sus evasivas a quienes les tratan. Por lo tanto, no siempre ha de darse por sentado que se apreciarán las buenas obras que hagan.

EL ESTADO INTERIOR DEL RATÓN

En su interior, el ratón es mucho más complejo de lo que parece visto desde el exterior. En ese interior hay confusión y agitación, porque allí, en alguna parte, está un «yo» que quiere manifestarse, que tiene necesidades y urgencias que han sido reprimidas sumisamente durante años.

Una gran necesidad de aprecio y reconocimiento induce al ratón a realizar cada vez más buenas obras y actos desprendidos y, si los demás no le alaban lo suficiente, se siente frustrado, inclinándose a multiplicar más aún sus amabilidades, a veces hasta acosar literalmente a los demás, descargando sobre ellos sus beneficios a fin de obtener su recompensa en forma de agradecimiento. Cuando éste no se produce, el ratón se enfurece, pero, dado que la furia es un sentimiento prohibido para un ángel, ha de ser suprimido, y el pequeño «yo» se hace más pequeño todavía. El ratón es propenso al agotamiento y a las enfermedades nerviosas, provocadas por la represión de sus sentimientos y deseos.

El mártir

El mártir (otro tipo de personalidad esencialmente femenino) expondrá ante todo el mundo su debilidad, cuando, en realidad y en el fondo, es fuerte como un toro. Los mártires tienen una gran resistencia y determinación y ponen toda su energía en cumplir su voluntad y en captar la atención de todos cuantos les rodean, ya que sienten que es atención lo que necesitan, lo que se merecen y a lo que tienen derecho. Insistirán en recordarle que hace tres años le prestaron desinteresadamente mil pesetas y exigirán gratitud eterna por su acto de generosidad.

Aunque parecen utilizar a los demás sobre todo como auditorio, dependen de ellos para alimentarse en autoestima. Granjearse un sentimiento de importancia y de respeto de sí mismo constituye su objetivo principal (sea consciente o inconsciente) en la vida y están seguros de lograrlo. Tienen conocimientos bastante extensos sobre las enfermedades y sus síntomas, y le mantendrán a usted informado en todo momento de su estado de salud, el cual, inútil decirlo, es siempre malo o motivo de preocupación.

Las madres recurren a veces a este comportamiento como chantaje emocional para impedir que su hijo único abandone para siempre la casa paterna o que salga por las noches y disfrute en algún grado de vida privada. En el momento en que la chica o el chico ponen la mano en el picaporte, la madre se lleva la suya al corazón y, con una sonrisilla esquinada, pero animosa, le desea que pase una buena velada. Pero lo que su mensaje significa realmente es: «¡Anda, vete! ¿Qué te importa si me da un ataque al corazón mientras estás fuera divirtiéndote?». Si el hijo es un ratón, será incapaz de ignorar las señales que se le envían y se quedará en casa.

El verdadero desafío se produce cuando coinciden dos mártires. La conversación se hará entonces muy intensa y se convertirá rápidamente en un duelo verbal acerca de quién de ellos se encuentra peor, quién ha tenido la enfermedad más grave y ha sido sometido a mayor número de operaciones. («El cirujano no podía *creer* que nadie sobreviviese a un cálculo biliar de ese tamaño.») Ambos hablarán al mismo tiempo, sin escuchar lo que dice el otro, puesto que estarán demasiado ocupados en recordar detalles de su enfermedad que le permitan triunfar frente a su oponente.

LOS ASPECTOS BUENOS DEL MÁRTIR

El mártir posee un grado elevado de energía y determinación, desgraciadamente mal encaminadas.

LOS ASPECTOS PROBLEMÁTICOS DEL MÁRTIR

El mártir atrae al ratón. Es como una relación sadomasoquista: el mártir se lamenta, mientras que el ratón le escucha con admiración, sintiéndose necesitado.

44

El resto de la gente tiende a apartarse del mártir. Todo depende del número de quejas que cada uno es capaz de soportar. Cuando dejan de venir a visitarles, los mártires se sienten desamparados en su inseguridad y se producen a sí mismos más síntomas, a fin de que todos se sientan culpables y corran de nuevo hacia su lecho de dolor, ya que esta vez están enfermos *de veras...*

En efecto, los mártires corren peligro de contraer una enfermedad muy real, debido a que se pasan todo el tiempo pensando en ellos (véase la p. 138).

EL ESTADO INTERIOR DEL MÁRTIR

Los mártires son personas muy solitarias e inseguras, que nunca han recibido suficiente atención en la vida. El hecho de estar enfermos dio lugar en alguna ocasión a que se ocupasen de ellos, de manera que recurren a este artificio una y otra vez. Si son lo bastante afortunados para encontrar a alguien que no acepte su chantaje, pero que *se interesa* por ellos y les enseña otros métodos distintos y más positivos de atraerse la atención, pueden aprender a canalizar su energía en una dirección más constructiva, demostrando nuevas y sorprendentes cualidades de su personalidad.

El machote

En la actualidad, el machote se presenta en distintas formas. Ya no es siempre, ni con mucho, el joven viril y libertino, vestido con ropas llamativas, que se imagina. Puede muy bien vestir con gusto y frecuentar el bar que hay al lado de su oficina.

Aunque sea en apariencia un hombre nada inhibido y muy extravertido, hay un área tabú para el machote: la verdad acerca de sus hazañas sexuales, que, por regla general, dejan mucho que desear. Sin embargo, no consiente que la verdad se interponga en el camino de una buena historia, y tiene montones de historias que contar, con preferencia cuando se encuentra en compañía de otros hombres o, todo lo más, con algunas chicas un poco pánfilas.

Sus conquistas recientes dominarán la conversación y no ahorrará a su oyente ningún detalle acerca de cómo lo hizo, cuántas veces y el nombre y la dirección de la chica en cuestión. A solas con una mujer, seguirá contando cosas acerca de otras mujeres, de cómo lo hizo, de cuántas veces y el nombre y la dirección de la chica en cuestión, lo cual no sólo resulta absolutamente perturbador para toda intimidad que pudiera establecerse entre ellos, sino también un tanto molesto para la mujer con la que está en ese momento.

Toda esta charla va destinada, consciente o inconscientemente, a desviar la atención de su incapacidad para comportarse de manera adecuada en la cama y, con mucha frecuencia, la astucia da resultado, puesto que algunas mujeres empiezan a preguntarse si no habrá en ellas algún defecto que haga que un hombre tan viril en otras ocasiones falle en su presencia.

Fuera de la cama y en la autopista, el machote adopta un comportamiento de «aquí estoy yo». En el carril de máxima velocidad, se coloca inmediatamente detrás de usted sin disminuir la suya y le pide paso, cuando se ve claramente que hay tres camiones a su derecha y tres que vienen en dirección contraria y que no hay la menor posibilidad de cedérselo. Este acoso no es otra cosa que una versión adulta del niño pequeño que grita: «¡Mamá, mamá, mírame!», con la única diferencia de que ahora tiene un coche, en lugar de un triciclo. Pero su grado de madurez sigue siendo el mismo que en la época de este último.

LOS ASPECTOS BUENOS DEL MACHOTE

Es maravilloso cuando se calla.

LOS ASPECTOS PROBLEMÁTICOS DEL MACHOTE

El machote causa sobre todo problemas a los demás, en particular a la mujer con la que está en un momento dado, porque no puede compartir la verdadera intimidad. Vive en la superficie y prefiere las relaciones que no sean demasiado exigentes.

El machote pertenece al tipo de acosador acosado, acosador de la próxima mujer, incluso antes de terminar su aventura presente, acosado por su incapacidad de participar íntimamente en una relación.

EL ESTADO INTERIOR DEL MACHOTE

Es un hombre solitario, cuya conducta inmadura encubre un sentido de la propia estimación muy herido y una gran inseguridad, resultantes con frecuencia de malos tratos durante sus años de formación y de haber sido descuidado emocionalmente. Su incapacidad o su negativa a admitir que algo va mal le hace casi imposible pedir ayuda.

El hipócrita

Hay hombres y mujeres hipócritas, y no se encuentran confinados en el ambiente laboral. La hipocresía es un rasgo característico de las personas que padecen un complejo de inferioridad, que dicen sí cuando quieren decir no y que se sienten incapaces de exponer su opinión cuando están en desacuerdo con otra persona, sobre todo si consideran a esa persona como de rango superior al suyo.

El hipócrita se mostrará dulce como la miel mientras permanezca hablando con esa persona, pero tan pronto como ella abandone la habitación, pondrá de manifiesto su bellaquería. Toda la expresión de su rostro pasará en una décima de segundo de una sonrisa radiante a un fruncimiento de cejas colérico o desdeñoso y empezará a chismorrear, o, peor aún, a difamarla malignamente.

Los hipócritas utilizan un método indirecto para desahogarse cuando se sienten dominados por alguien, un método de tratar con los demás inmensamente destructivo, puesto que la hipocresía envenena la atmósfera y pone al hipócrita cada vez más tenso, sin hacer nada por resolver el problema.

En la oficina, aceptarán que sus superiores les impongan cada vez más trabajo, aunque saben que no son capaces de sacarlo adelante. Piensan entonces que están siendo explotados y mal tratados y se resienten de ello amargamente. Su solución del problema consiste en recorrer la oficina, explicándole a todo el mundo qué clase de bicho tienen por jefe. La única persona que nunca oirá sus quejas será precisamente la sola capaz de hacer algo por atenderlas: el jefe.

LOS ASPECTOS BUENOS DEL HIPÓCRITA
Una gran cantidad de energía, aunque, desgraciadamente, mal dirigida.

LOS ASPECTOS PROBLEMÁTICOS DEL HIPÓCRITA

Un hipócrita estropea con frecuencia el ambiente para aquellos que trabajan o que viven con él. Acaba por ser esclavo de un resentimiento rutinario. Incapaz de enfrentarse directamente a un problema, siente que pierde cada vez más el control de lo que le sucede y esto, a su vez, reduce gradualmente a cero la escasa confianza en sí mismo que tenía al principio, creando así un círculo vicioso.

EL ESTADO INTERIOR DEL HIPÓCRITA

La hipocresía se desarrolla (aunque no forzosamente) cuando se castiga con insistencia a una persona por expresar sus pensamientos o por quejarse. También aquí el hecho ejerce mayor influencia cuando se produce durante la niñez o la adolescencia, pero puede suceder más tarde, cuando se rebaja sin tregua al individuo. Suprimir el derecho a hablar de una persona puede hacerla sentirse no merecedora o, en todo caso, menos merecedora que las demás. Y al no permitirle expresar su ira y su frustración, tiene que buscar otros canales para descargar su tensión reprimida, eligiendo a veces el camino de la hipocresía.

El trabajoadicto

Para algunas personas, el trabajo es la última de las miserias. Al trabajoadicto le ocurre todo lo contrario.

El trabajoadicto come con él, duerme con él, piensa sin cesar en él y no puede detenerse aun en el caso de que lo deseara. Lo mismo que el ratón, el adicto al trabajo es provechoso para los demás y, por lo tanto, se acepta su comportamiento como positivo, aunque sea autodestructivo para el sujeto. Cierto que hay gente que trabaja duro, pero eso no tiene nada que ver con el vicio del trabajo.

Los trabajoadictos convierten éste en el único interés de su vida y, cuando no tienen nada que hacer, se lo inventan. Son incapaces de relajarse porque, en realidad, no quieren relajarse. La relajación supone para ellos la pérdida de un tiempo precioso, un tiempo que podrían dedicar a trabajar sobre ese nuevo contrato.

A las mujeres trabajoadictas se las encuentra muy a menudo en los niveles intermedios de las empresas. Se convierten en adictas a causa de la presión interna que ejerce sobre ellas el deseo de mostrarse superiores a sus colegas masculinos, con objeto de ser aceptadas por ellos.

Los trabajoadictos no se detienen ni por nada ni por nadie. Todavía están en el hospital recuperándose de un ataque al corazón ocasionado por el estrés, cuando ya se han agenciado un teléfono junto a la cama y obtenido de un colaborador que les traiga de contrabando desde la oficina las últimas fichas «... sobre el caso de Pérez y Vázquez, sólo para mantenerme al tanto». Pasan la primera parte de su vida destrozándose la salud para ganar dinero y la segunda parte gastando el dinero que ganaron para recobrar la salud perdida. Simplemente, no tiene sentido, ¿verdad?

LOS ASPECTOS BUENOS DEL TRABAJOADICTO

Los adictos al trabajo son personas muy concienzudas, dotadas de un gran vigor, que están extraordinariamente motivadas y tienen mucho sentido de la responsabilidad.

LOS ASPECTOS PROBLEMÁTICOS DEL TRABAJOADICTO

Los adictos al trabajo no se muestran forzosamente muy eficientes y, desde luego, no controlan su trabajo. Al contrario, el trabajo les controla a ellos. (Es esta cuestión la que los convence para colaborar conmigo cuando acuden a mí para aliviar su tensión. Como sé que no les impresionará lo más mínimo la predicción de que caerán fulminados durante el próximo semestre si continúan llevando la vida que llevan, les digo que podrían adelantar muchísimo más en su tarea si cambiasen de método. Se muestran maravillosamente receptivos a esta idea y muy dispuestos a ponerla en práctica.)

Las relaciones afectivas no tienen ninguna oportunidad en la vida del trabajoadicto, ya que no se decide jamás a dedicar la menor parte de su tiempo de vigilia a ninguna cuestión que no sea laboral. Su salud está condenada a sufrir considerablemente, ya que agotan su cuerpo de manera continuada, sin darle la oportunidad de recuperarse.

EL ESTADO INTERIOR DEL TRABAJOADICTO

El trabajo incesante puede ser un síntoma de depresión latente. Mantenerse perpetuamente ocupado evita el permanecer sentado, permitiendo que surjan pensamientos críticos sobre uno mismo. Otros motivos para el trabajo compulsivo pueden ser el sentirse inferior a sus colegas u ocupar un puesto que le viene dos números grande. En ocasiones, constituye también una vía de escape para una situación familiar intolerable.

Tercera parte

Instrucciones para el uso de este apartado

En esta parte del libro, encontrará un estudio de algunos problemas específicos que los asistentes a mis clases o los clientes que vienen a verme a mi consulta mencionan con insistencia como particularmente molestos.

Al principio de cada capítulo, se incluye una lista de las afirmaciones que caracterizan a ese problema determinado. Tómese el tiempo de leer cada frase y ver si le es aplicable. No necesita cantar el número de frases de la sección «La soledad», por ejemplo, a las que respondería afirmativamente. No será más solitario con una puntuación de diez que con una puntuación de uno. Las frases no se proponen otra cosa que intensificar su conciencia de los motivos que, según la gente, se ocultan tras su sentimiento de soledad.

A continuación de la lista de afirmaciones viene un examen de cada una de ellas, exponiendo cuáles son las actitudes que las provocan y cómo se puede aprender a enfocar un problema desde un punto de vista distinto y pensar sobre él de modo positivo.

Terminado este examen, encontrará un guión que le ayudará a enraizar en su mente subconsciente la nueva pauta de pensamientos constructivos. Todas las secciones llevan al final un guión, pero, dentro de ellas, algunas de las subsecciones los llevan también, permitiéndole así trabajar sobre ese punto en particular.

Es esencial que repase el guión varias veces al día. Cópielo en una hoja de papel y llévelo siempre consigo. Apréndalo de memoria y repítaselo una y otra vez, implantándolo firmemente en su mente subconsciente mediante la repetición constante.

Dado que los guiones contienen sólo pensamientos positivos, experimentará también un efecto físico beneficioso. Cuando se tienen pensamientos agradables, constructivos, el cuerpo se relaja. Si lo pone en duda, pruebe lo contrario. Recuerde una experiencia pasada que provocó su indignación. Vuelva a esa ocasión por un momento. Advertirá que su cuerpo reacciona a los pensamientos negativos: los músculos de la mandíbula se contraen, lo que causa una sensación de opresión en el corazón y un malestar general.

Por fortuna, el sistema funciona también en sentido opuesto. Cuando se ocupa la mente con recuerdos o pensamientos positivos, el cuerpo pierde tensión, los músculos y los órganos se relajan y trabajan en armonía, y una sensación de bienestar invade todo el organismo. Para aumentar el efecto del guión, dedique algún tiempo por la noche, antes de acostarse, a relajarse y a visualizar la solución positiva de su problema personal.

No desperdicie el tiempo pensando en el problema. Piense en el éxito final. Por cada interrupción con que tropiece, por cada obstáculo que se alce en su camino, encontrará dos nuevos caminos posibles para eliminarlos. Si una puerta se cierra, dos puertas se abren. No pierda el tiempo mirando a la pared, busque las puertas. Sea constructivo en su manera de tratar los problemas. Suele suceder con gran frecuencia que sea imposible imaginar cómo resolver un problema en particular, con lo cual uno se pone nervioso, o pierde la esperanza y se queda muy deprimido.

Recuerde. No es la primera vez que tiene un problema. ¿Qué sucedió en la última ocasión? De pronto, como caída del cielo, se le apareció la solución, y le apuesto a que fue una solución con la que nunca había soñado siquiera. Tiene mucho más sentido tranquilizarse, relajarse y creer que la solución se presentará por sí misma en el momento preciso que preocuparse por el problema, causando la propia infelicidad.

Aunque resolvemos problemas un día sí y otro también, nos falta confianza en que el próximo se solucionará también. Nuestra mente racional es excesivamente restringida para anticipar la solución que acabaremos por encontrar. Dejemos de sobreestimar nuestro cerebro, no tan maravillosamente competente como nuestro cociente intelectual nos ha hecho creer. Una persona que presume de su cociente intelectual es como un prisionero que se jacta del gran tamaño de su celda.

La intuición, que tiene su origen en la mente subconsciente, resuelve con mucha mayor eficacia nuestros problemas. Preste atención a sus sueños y a sus pensamientos intuitivos y verá que con frecuencia señalan un camino hacia la solución de un problema. Resolver un problema no exige un trabajo arduo. Es un juego de niños, fruto de una actitud relajada. Las ideas más grandes, las invenciones más ingeniosas aparecieron por «accidente», cuando su autor no pensaba en la cuestión. Albert Einstein reveló que, cuando intentaba resolver un problema matemático, se lo planteaba mentalmente con toda precisión y apartaba luego su pensamiento de él. La respuesta le llegaba siempre al cabo de cierto tiempo, espontánea. La mente subconsciente trabaja en nuestro favor sin descanso, incluso mientras estamos dormidos, proporcionándonos las respuestas y las soluciones que precisamos.

Por último, hallará una forma resumida, una especie de miniguión destinado a que lo utilice por la noche. Si algo le ha estado preocupando durante el día, puede despertarse en mitad de la noche y empezar a pensar en ello. De noche, los problemas tienden a magnificarse fuera de toda proporción, monopolizando su cabeza, dando vueltas en una espiral interminable, de modo que le resulta imposible dormirse de nuevo.

La forma resumida se recuerda con facilidad y podrá repetírsela *in mente,* de modo mecánico, mientras descansa en la cama. También en este caso el contenido positivo de la forma resumida contribuirá a relajar su cuerpo, precisamente lo que necesita para lograr dormirse otra vez. Como no hay nada que pueda hacer en mitad de la noche para solucionar su problema, más vale que posponga el pensar en él hasta la mañana siguiente.

Comunicación

● Odio las discusiones.
● Encuentro difícil decir a los demás lo que quiero.
● Cuando me siento herido, me enfurruño.

La comunicación tiene lugar en muchos niveles y de formas diversas. Nos rodea por todas partes, en forma de cartas, anuncios, películas, emisiones radiofónicas... Se nos envían mensajes continuamente y reaccionamos a ellos. La comunicación nos capacita para permanecer en contacto con el mundo al que pertenecemos y para envíar mensajes y recibirlos de otra gente.

La comunicación es inmensamente compleja. No sólo establecemos contacto con los demás por medio del habla y de la escritura, sino que nos expresamos utilizando el lenguaje físico de los gestos. Incluso cuando nos negamos a comunicar, estamos transmitiendo un mensaje.

La comunicación es vital para el desarrollo y el mantenimiento de las relaciones. Puesto que las relaciones cambian con el tiempo, se hace necesario ajustarse a las circunstancias modificadas e informar a los demás de nuestras intenciones y deseos. Para entablar relaciones satisfactorias y efectivas, necesitamos saber algo sobre los otros y, al mismo tiempo, darles información sobre nosotros mismos. No podemos esperar que la gente nos lea el pensamiento, hemos de darle a conocer lo que queremos y lo que esperamos.

La información no tiene por qué ser transmitida verbalmente. Enarcar las cejas indicará a su interlocutor que duda de lo que acaba de decir o que le extraña la información recibida.

El lenguaje físico dispone de muchos recursos. Un ligero cambio en el tono de voz, en la expresión del rostro, un leve movimiento o un cambio de postura añadido a lo que se está diciendo suma información extra a la contenida en las palabras. El lenguaje corporal puede subrayar o mitigar, transmitir que sólo se está bromeando o que se revela un secreto. A través de él, comunicamos mucho más que con las simples palabras. El que una persona no le mire a los ojos cuando le habla tiene diversos efectos. Puede usted pensar que es tímida y, en consecuencia, esforzarse por tranquilizarla o pensar que es orgullosa y, por lo tanto, reservar al máximo sus respuestas. Como ve, la comunicación se falsea con gran facilidad. Si piensa que esa persona es orgullosa, cuando es solamente tímida, reaccionará de una manera inapropiada, incluso más inapropiada que si hubiera sido ciego.

El que se decida por la timidez o el orgullo de su interlocutor depende de sus expectaciones, y sus expectaciones derivan de su experiencia pasada. Del mismo modo, si su interlocutor le habla en cierto tono y se muestra incapaz de mirarle, eso refleja lo que espera de usted. Tal vez tema que sea usted una persona dominante o que le mire con desdén, así que rehúye el contacto visual para evitar cualquier acto de agresión contra él.

La comunicación es un proceso en doble sentido. El emisor y el receptor interactúan constantemente, es decir, cada participante emite y recibe a la vez. Cuando habla usted con alguien, controla al mismo tiempo su reacción, lo cual influirá sobre la forma en que va a continuar. Si ve que su pareja frunce el entrecejo mientras le habla de un incidente ocurrido en la oficina, quizá decida no mencionar un segundo, a fin de no inquietarla más aún. Si ella se inquieta, *usted* se inquietará también, por lo que protege su paz mental no continuando la conversación.

Otro factor determinante de la comunicación es el ambiente. Uno adopta diversos roles según la persona a la que se dirige y según el lugar en que se desarrolla la conversación. Una mujer hablará de manera muy distinta cuando actúa como «madre» que cuando representa un papel de «jefe» en el trabajo. Un hombre se expresará de una manera al tratar de negocios con un colega y de otra al comentar su trabajo con un amigo en una fiesta.

A todos se nos exige adoptar roles distintos en la vida y, por lo tanto, nuestra manera de comunicarnos debe ser flexible. Con cada nuevo rol –como estudiante, padre, esposo, empleado– hemos aprendido el lenguaje apropiado, los medios de comunicación que corresponden a ese nuevo contexto. El grado en que nos adaptamos a los nuevos roles depende en gran medida de nuestra experiencia previa. Nuestras facultades de comunicación provienen de lo que aprendimos de nuestros padres en la niñez. El aprendizaje previo modela la forma en que nos comunicamos con los demás, el desarrollo de nuestras pautas de comunicación y su mantenimiento dentro de nuestras relaciones.

La comunicación es algo muy complejo y, por lo tanto, no tiene nada de extraño que se produzcan errores. Los sentimientos representan un papel muy importante en nuestra capacidad de enviar mensajes a los demás. Ciertas situaciones nos dejan prácticamente mudos: otras nos hacen reaccionar de manera desafiante, induciéndonos a romper temporalmente la comunicación.

Los ejemplos más radicales de aislamiento del mundo exterior se dan en la esquizofrenia y en la depresión profunda. Cuando el mundo se presenta como un lugar amenazador y cuando el sujeto no ve el modo de escapar a sus problemas o de defenderse de las exigencias que le plantea su ambiente, su situación puede aparecérsele como una amenaza tan abrumadora que su mente subconsciente levanta una barrera defensiva contra el mundo exterior, aísla a la persona, impidiendo así que el mundo exterior tenga acceso a ella y la hiera más todavía.

Parte de este mecanismo de defensa puede consistir en construir un mundo interior que tenga su propio lenguaje, sus propios significados y símbolos, incomprensibles para los demás. Es como un nuevo lenguaje mental, una manera distinta de concebir el mundo que separa al esquizofrénico de su ambiente.

En la depresión profunda, el sujeto mantiene aún el contacto mental con la realidad, pero se esfuerza todo lo posible por evitar el contacto con sus semejantes. Todo lo nuevo, todo lo que se sale de su rutina le parece aterrador, por lo que la persona deprimida se apartará de ello tan pronto como le sea posible. El único lugar seguro es la cama, donde puede cubrirse la cabeza con la manta y correr cortinas mentales que la aíslen del mundo. Es como un retroceso al vientre de la madre, donde fue alimentada y estuvo a salvo, sin tener que hacer nada, sin tener que pensar ni actuar, limitándose a «ser», sin conflictos ni discusiones.

Tanto la enfermedad esquizofrénica como la depresión, lo mismo que cualquier otra enfermedad, transmiten un mensaje. La corriente perturbada de la comunicación informa al ambiente de que hay un desequilibrio en el sistema relacional que necesita ser reajustado. La enfermedad mental tiene siempre un motivo, no se abate sobre la gente como caída de las nubes. Donde hay un síntoma, existe también una causa.

Cada familia tiene sus reglas específicas de comunicación. Nadie las ha establecido oficialmente. Basta con comprender que hay temas que no deben tocarse (como la cuestión sexual o el referirse a un pariente con quien la familia ha reñido), ciertos sentimientos que no deben expresarse (como la cólera). Hay también un doble rasero, puesto que las normas para los adultos no coinciden con las normas para los niños, o hay unas normas para el padre y otras para la madre y los hijos, o unas normas para el hijo enfermo y otras para sus hermanos en buena salud. Quizá se permite a los adultos decir mentiras, mientras que se castiga a los niños por el mismo motivo. Tal vez se admita que el padre no mueva un dedo para ayudar en las faenas caseras, pero se acusa de «perezoso» a cualquier otro miembro de la familia que no contribuya a ellas. O bien se admiten las travesuras del niño enfermo, castigando a sus hermanos cuando no se comportan como es debido.

Esas reglas se traducen en significados, aunque cada miembro de la familia las interpreta a su manera. Supongamos que hay un niño asmático en la familia. El médico dice a los padres que el chiquillo no debe alterarse, ya que eso podría provocarle un ataque: regla número uno. Los padres han establecido también la prohibición de que los niños salten sobre el sofá: regla número dos.

Cuando se produce el caso de que el niño asmático salta sobre el sofá, los padres se ven en un dilema. Quieren mantener sus propias reglas, pero no quieren perjudicar la salud de su hijo. Su razonamiento será el siguiente: «Si le decimos que se baje, se perturbará y puede darle un ataque. No nos queda más remedio que dominar nuestro enfado. No hay posibilidad de retenerle sin causarle daño». Los hermanos se indignan entonces contra los padres y se celan del niño asmático, diciendo: «No es justo. A él se lo consienten todo porque está enfermo. Yo no tengo la culpa de no estar enfermo. Pero quiero que me presten la misma atención y me concedan la misma libertad». Por su parte, el chiquillo asmático piensa: «Después de todo, no es tan malo estar enfermo. Papá y mamá están pendientes de mí y puedo hacer lo que quiera. Resulta muy fácil manejar a mis padres. Probaré a ver hasta dónde puedo llegar».

Las reglas conflictivas comprometen la situación de los padres dentro de la familia y les hacen vulnerables al chantaje. Los otros hijos se sienten relegados a un segundo plano en favor de su hermano enfermo y juzgan a sus padres débiles e injustos por ceder ante él. Nada de lo que ellos hagan para atraer la atención, ya sea en el buen sentido o en el malo, tendrá nunca la fuerza suficiente para superar al niño enfermo. Un pensamiento verdaderamente frustrante.

Las reglas conflictivas sirven sólo para crear problemas, incluso al niño enfermo. Cuando la enfermedad presenta tantas ventajas, no hay ningún incentivo que le impulse a mejorar. La enfermedad le parece un precio muy barato por toda la atención que le aporta.

Existen otros problemas susceptibles de surgir de una comunicación ambigüa, por ejemplo cuando una persona dice una cosa y expresa otra a través de su lenguaje corporal. Una madre puede sentirse cansada de la presencia de su hijo, pero en lugar de decirle: «Déjame un rato sola. Estoy harta de ti», le dirá:

«Vete a la cama. Pareces fatigado y quiero que duermas un rato». Si el hijo acepta al pie de la letra la cariñosa preocupación de su madre, se pegará todavía más a ella, justo lo contrario de lo que pretendía, por lo que, probablemente, acabará enfadándose con él. Esto dejará al chico confuso. No comprenderá qué ha hecho para despertar la cólera de su madre. Si la acusa de ser contradictoria, ella reaccionará ofendiéndose, despertando así su sentimiento de culpabilidad. O sea, no hay manera para él de salir del aprieto.

Por otra parte, la madre se sentirá incapaz de decir a su hijo que la deje sola, ya que eso se opone a su idea de lo que debe sentir una buena madre. Quiere ser una buena madre, de forma que no puede manifestar que está del chico hasta la coronilla... Pero lo está, y sus reacciones acabarán por traicionarla.

«Odio las discusiones»

Hay personas capaces de cualquier cosa con tal de evitar las discusiones. Las discusiones les parecen tan traumatizantes que incluso se ponen enfermas cuando se enfrentan a alguna. Aun el oír a otros discutir puede hacerles reaccionar con miedo o sensaciones físicas desagradables, como dolores de cabeza, náuseas, aumento de la tensión sanguínea, palpitaciones o simplemente una sensación general de malestar. Esos síntomas se intensifican especialmente cuando no les es posible abandonar el teatro de la discusión, cuando se encuentran, por ejemplo, en un coche con aquellos que discuten.

Cuando las discusiones tienen un efecto tan fuerte, tan negativo, sobre una persona, es más que probable que haya presenciado muchas disputas en su niñez y que esas disputas le hayan aterrorizado verdaderamente.

Trate de ver esas discusiones con los ojos de un niño. Sus padres están peleándose, gritándose el uno al otro, quizá diciéndose cosas que en realidad no sienten. Mientras se vituperan mutuamente, se miran como si se odiasen (y se odian, en efecto, en ese momento). El niño presenciará la escena con horror. Hay mucho ruido y las dos personas más importantes de su vida se pelean. ¿Terminarán por herirse el uno al otro? Todo está alborotado. ¿Por qué gritan? ¿Por algo que el niño ha hecho? Si no fuera por él, quizá sus padres no tendrían que discutir por el dinero. Si él no existiera, tal vez su madre sería más feliz, ya que podría salir más a menudo. Algunos padres acusan abiertamente a sus hijos de las dificultades que padecen, pero, aun cuando no suceda así, los niños se echan la culpa con frecuencia.

Un niño es total y absolutamente dependiente de sus padres, en todos los aspectos. Sus padres le proporcionan alimento, vestido, albergue, amor y seguridad. Confía en ellos para la satisfacción de todas sus necesidades, hasta el punto de que, si algo pone en peligro la unidad familiar, se siente amenazado en su misma existencia.

Cuando las riñas se reproducen con regularidad, pueden provocar en el niño un profundo sentimiento de inferioridad y, en consecuencia, no hará nada por apaciguar a sus padres o distraer su atención. La enfermedad se le aparece como un medio (subconsciente) para conseguirlo. Si el hijo enferma, los padres tendrán que centrarse en él y posponer el arreglo de sus diferencias.

Otro camino que se le ofrece a los niños para soportar sus sentimientos de inseguridad y culpabilidad consiste en volverse hacia la delincuencia. Esto les permite distraerse y poner sus actos en la misma línea que sus sentimientos. Puesto que se sienten culpables de todas maneras, más vale hacer algo que lo justifique. Cierto que es malo robar, pero por lo menos sabes a qué atenerte y por qué te sientes culpable.

Es posible también que le asusten las disputas porque nunca se le ha permitido alzar la voz. Quizá no se acostumbraba en su familia expresar abiertamente la desaprobación. En lugar de ello, se castigaba al «culpable» con el silencio. Existe en algunas familias la costumbre de negar la palabra a aquel que ha hecho algo que se juzga como malo. Para el niño, esa forma de castigo resulta muy dura. Ser ignorado equivale a ser rechazado, y ser rechazado cuando uno está en una posición vulnerable es muy doloroso.

Aunque hayan pasado muchos años desde entonces, el sujeto sigue arrastrando esos sentimientos de ansiedad, culpabilidad y rechazo. Su temor de las discusiones puede remontarse a mucho tiempo atrás. Recuerde su pasado. Pida a sus hermanos o a otros parientes que le ayuden a recordar. En cuanto haya identificado la causa de su miedo, le será más fácil eliminarlo.

Tome conciencia del hecho de que ha dejado de ser un niño, que se ha convertido en un adulto, que su situación ha cambiado. Sus temores pertenecen a un tiempo que se ha desvanecido. Ahora es capaz de sentar nuevas reglas. Usted no tiene la culpa de que la gente discuta.

No necesita sentirse culpable cuando alguien se irrita con usted. Ahora comprende que la gente tiene sus motivos propios para estar de mal humor o descontenta, pero, *en el 99 % de los casos, la causa no depende de usted*. Empiece a concentrarse en ese 99 %, en lugar del uno que resta. Fíjese una nueva regla, privativa suya, la regla de que es usted inocente mientras no se demuestre lo contrario.

Si adopta esta nueva regla, podrá también permitirse ensanchar su radio de acción. Como ha decidido no volver a sentir culpabilidad, adoptará estrategias nuevas en las discusiones. De pronto, se le ofrecen nuevas opciones. Por ejemplo, empiece por escuchar con interés, y no con miedo, cuando otros discuten. O bien, preste mucha atención y vea cuál es su propia opinión. ¿Cuál de los contendientes le parece que tiene razón? (¡Ojo! Cualquiera que sea su decisión, guárdesela para sí mismo.) Finja que es un periodista que presencia un acontecimiento importante y tiene que transmitirlo más tarde a su periódico. Una vez que haya terminado la disputa, no habrá inconveniente en que hable normalmente con los protagonistas, puesto que no tiene nada que ver en la cuestión.

Cuando alguien le grite, en lugar de tratar de aplacarle a toda costa, le dirá que se niega a hablar con él a menos que se calme. Y colgará el auricular del teléfono o abandonará la habitación.

Una vez que dejen de asustarle las discusiones, descubrirá que su posición social se fortalece. Disfrutará de mayor poder e influencia, porque no se sentirá obligado a aceptar que la gente trate de intimidarle, sobrecargarle de trabajo o imponerle exigencias no razonables.

Cuando ya no le asusten las disputas, y gracias a su actitud de mayor confianza, puede incluso arriesgarse a provocar una trifulca. La gente advertirá que ha cambiado y le aseguro que tropezará con muchos menos incidentes desagradables que cuando se mostraba tan sumiso, capaz de todo por evitar una riña.

Soy una persona como es debido. No he cometido más errores que cualquier otro. Soy un miembro valioso de la sociedad.

He dejado atrás la culpabilidad y el miedo. Los demás son responsables de sus humores y sus sentimientos. Yo soy responsable de los míos.

Me mantengo tranquilo y sereno en todo momento. Tengo confianza en mi propia valía, y los demás se dan cuenta.

Las discusiones no son otra cosa que diferencias de opinión. Es normal que se produzcan. Tengo derecho a expresar mis opiniones y, por lo tanto, los demás también lo tienen.

Expongo mi pensamiento con calma y revelo mis necesidades claramente. Los demás me escuchan. Siempre se puede encontrar una solución.

Soy un buen negociador, fuerte y seguro de mí mismo.

RESUMEN

Las discusiones son buena cosa. Manifiestan sólo una diferencia de opinión. Me mantengo tranquilo y relajado.

«Encuentro difícil decir a los demás lo que quiero»

¿Qué le retiene? ¿Encuentra difícil transmitir sus deseos a los demás o, en realidad, no sabe lo que quiere? Tal vez descubra que tiene problemas en ambos aspectos.

Cuando era pequeño, le resultaba fácil decir lo que quería. De bebé, no tenía más que llorar y, con un poco de suerte, alguien acudía corriendo con su comida o para comprobar si necesitaba que le cambiasen los pañales. Incluso un poco más tarde, el enfoque directo continuó dándole buenos resultados. Apuntaba con el dedo a algo, decía «queco» o «popó», y una tía que le miraba embobada le entregaba aquello que pedía. Unos meses más

61

tarde, tuvo sin duda que hacer concesiones, cuando su madre empezó a insistir para que dijese «por favor» y «gracias» antes de obtener lo que quería. No obstante, todo marchaba bien todavía.

El entusiasmo ante su capacidad de pronunciar las primeras palabras se desvaneció pronto, sin embargo, y el flujo de sus exigencias se fue restringiendo cada vez más. Se le dijo que se contuviese, que se reprimiese. Se le dijo que hablar alto era de mala educación. Los niños deben dejarse ver, no oír. Se le dijo que los niños debían agradecer lo que se les daba, que pedir más era avaricia. La sociedad empezaba a imponerle sus leyes. El individualismo puede resultar perturbador en el seno de un grupo como la familia. Por consiguiente, se instruye al nuevo miembro de la sociedad para que se adapte al grupo.

No se consigue sin lucha, ya que se le pide al niño que renuncie a muchos de sus privilegios. Antes podía eructar, y toda la familia aplaudía. Sólo unos años después, se le tacha de «asqueroso» si hace la misma cosa. Antes podía mirar fijamente a la gente; ahora es un «impertinente» cuando se lo permite. Antes podía pasear desnudo por toda la casa; ahora le echan de la habitación si se presenta así en ella. Lo que hasta entonces había sido «encantador» se convierte en desobediencia o mala educación. Las mismas cosas a las que le habían alentado quedan ahora prohibidas, incluso sancionadas con un castigo. Es un poco como si, en su trabajo, eliminasen todas las gratificaciones que recibía y las sustituyesen por un número de tareas que, cuando empezó, no estaban incluidas en la descripción que le hicieron de sus atribuciones. No tiene nada de extraño que a los niños no les guste.

Todos hemos tenido que pasar por este proceso y aceptar las restricciones que nos aportaba. Los problemas surgen sólo cuando se fuerza la conformidad hasta tal punto que al sujeto le parece imposible seguir siendo él mismo. Cuando a uno le han hecho sentirse culpable por decir lo que piensa o por contradecir a sus padres («¡Eres un ingrato!»), empieza a mirar la propia opinión como secundaria y a encontrar las consecuencias de hablar en voz alta muy desagradables. No sólo despierta la desaprobación de sus padres, sino que se siente emocionalmente incómodo, puesto que a esas alturas ha aprendido ya que no debe contradecir a sus padres o a sus superiores. Cuando por fin abandona el hogar paterno, se lleva consigo en la cabeza las admoniciones de sus padres. Tal fenómeno, que suele designarse en general con el nombre de «conciencia», actúa a nivel subconsciente, lo que hace más difícil ignorarlo.

Esta reacción automática y aprendida de no expresarse en voz alta para evitar sensaciones emocionales desagradables es conveniente para los demás, ya que significa que pueden continuar con lo que estaban haciendo sin verse interrumpidos por alguien que les critica. Por eso se alaba con frecuencia la timidez, calificándola de «buenos modales», cuando realmente supone una desventaja para la persona que la padece.

Cuando un individuo tímido alberga unos sentimientos muy intensos acerca de algo, pero se siente demasiado inhibido para manifestarlos, pueden originar en él un gran conflicto interior. La emoción provoca una implosión, en lugar de una explosión y, si esto se prolonga durante mucho tiempo, tendrá sin duda como consecuencia la aparición de problemas mentales o físicos.

Si le dijeron desde una edad temprana que sus deseos eran secundarios, si no desvergonzados, se habituó a reprimirlos. Empezó a pensar en términos de «tienes que» y «debes» y a descuidar los «quiero». Ahora bien, esto no hace desaparecer los deseos. Sólo sirve para confundir al sujeto. Por ejemplo, sabrá que está descontento, pero no comprenderá por qué.

Para redescubrir sus necesidades, piense en su situación presente. ¿Qué cosas le gustaría cambiar si dispusiese de una varita mágica? Examine todo aquello que le hace sentirse desdichado. Analice el estado de sus relaciones con los demás, su salud, su bienestar en general. Sin tener en cuenta si los cambios en que piensa pueden convertirse o no en realidad, imagine cómo serían idealmente las cosas para usted. Pues ahí lo tiene, eso es lo que desea.

No se asuste ante la audacia de su imaginación. Probablemente tendrá que trabajar un poco sobre su confianza en sí mismo antes de ser capaz de realizar sus ambiciones, pero al menos sabrá lo que se propone.

Veamos ahora la segunda parte del problema, decir a los demás lo que uno quiere. Quizá le metieron en la cabeza, a fuerza de machacársela, que no debía pedir las cosas, sino esperar a que se las diesen. Hay que decir que el sistema marcha muy bien cuando se trata del recibo del teléfono. No hay ninguna necesidad de pedirlo, siempre llega a nuestras manos. Y aun en el caso de perderlo, ¿por qué preocuparse? La compañía no tardará en enviarle otro. Hasta ahí todo va bien. Pero en el momento en que lo que quiere es que alguien le preste dinero, el método falla por completo. Marcharse a casa, esperando que el banco, un amigo o el Ratoncito Pérez le va a telefonear para *ofrecerle* dinero, sería muy poco probable que le diese resultado. Limitarse a *esperar* que su jefe le asignará un puesto de trabajo más interesante cualquier día de éstos sólo le conducirá a una amarga desilusión. A menos que lo solicite, nada sucederá.

La única posibilidad de obtener lo que uno quiere está en manifestarlo. Al fin y al cabo, el recibo del teléfono le pide *su* dinero, ¿o no? Y cuando sus padres querían que hiciese algo, se lo decían, de manera que la cosa no puede ser tan mala. Ahora es usted un adulto. Tiene el mismo derecho que tenían sus padres.

No está obligado a gritar, ni a mostrarse descortés y agresivo para exponer sus deseos. Se puede ser la mar de agradable y hablar en voz baja y, aun así, conseguir lo que uno quiere. Inténtelo primero con respecto a cosas sin importancia. Pregunte a alguien en la calle una dirección o la hora que es. Repítalo varias veces, hasta que se acostumbre, y pase luego a cosas más dificultosas. Pídale a un compañero de trabajo que atienda su teléfono mientras que usted se halla ausente. Dígale a su jefe que quiere que le deje hoy la tarde libre. Dígale a sus hijos que a partir de ahora quiere que se encarguen de determinadas tareas dentro de la casa.

Vale mucho más que diga lo que quiere, y no reconcomerse pensando que todos cumplen sus propósitos, salvo usted. Sentirá entonces que controla mejor su vida, ya que sabrá que puede lograr lo que necesita.

GUIÓN

No hay ningún mal en querer cosas. Tengo derecho a querer cosas para mí mismo.

Me defiendo por mi cuenta. Insisto en que se satisfagan algunas de mis necesidades y lo hago de manera agradable.

Comprendo que los demás no pueden leerme el pensamiento y, por lo tanto, me toca a mí informarles de mi deseo.

Me aseguro de mantener un equilibrio razonable entre lo que doy y lo que recibo. Tengo responsabilidades conmigo mismo. Mi felicidad es importante para mí.

RESUMEN

Me aseguro de que los demás conozcan mis deseos y se los expreso de manera agradable.

«Cuando me siento herido, me enfurruño»

Enfurruñarse supone un medio de cortar la comunicación con los demás, castigándoles así por no darnos lo que queremos. En ese comportamiento, subyace la actitud de una persona que piensa que debería obtener lo que quiere por las buenas, sin necesidad de pedirlo o, por lo menos, sin tener que pedirle más de una vez.

El enfurruñarse constituye un hábito que se transmite dentro de las familias, a veces durante generaciones. Está estrechamente relacionado con la obstinación y puede perturbar gravemente las relaciones familiares. A menudo, el incidente que provoca el enfurruñamiento es absolutamente trivial y, sin embargo, recibe un castigo severo. Hay familias en que algunos de sus miembros han dejado de hablarse durante años, durante décadas incluso. Nadie puede recordar ya el motivo de este superenfurruñamiento, pero tuvo que ser gordo, ¿no le parece? Después de todo, lleva usted quince años sin dirigirle la palabra al tío Enrique...

Cuanto más se prolonga el enfado, más difícil se vuelve ponerle fin. Ser el primero en hablar de nuevo al otro se considera como un signo de debilidad. Sería como admitir que lleva equivocado quince años, y eso es lo último que desea usted hacer. La situación ha llegado a un punto muerto.

A un nivel menos exagerado, enfurruñarse puede ser su forma de patalear cuando siente que le dejan de lado. Cuando no le prestan toda la atención, se enfurruña. Cuando alguien se gana el puesto de trabajo al que usted aspiraba, se enfurruña. Cuando el regalo que recibe por su cumpleaños no es lo bastante importante, se enfurruña. Piensa tener un derecho automático a todo cuanto se le antoja, pero no está realmente dispuesto a esforzarse por conseguirlo, evitando con habilidad esa parte fastidiosa del proceso.

Cuando un pensamiento se aposenta en su mente, quiere que su deseo se cumpla del modo en que lo ha imaginado. El concepto básico es bueno, pero el método no da resultado. Es bueno estar seguro de lo que uno quiere –por ejemplo, me parece magnífico que sepa que quiere cambiar de puesto de trabajo–, pero encuentro infantil empeñarse en un puesto *en particular* y sentirse herido si no se lo adjudican.

Deje de clamar porque se le haga justicia. Quizá fuese usted, en efecto, la persona más apropiada para ocupar el puesto, pero no lo obtuvo por el simple hecho de ser una mujer. No cabe duda de que eso es injusto, pero no puede hacer nada por remediarlo. En esas circunstancias, se le ofrecen dos opciones: sentarse, y enfurruñarse, y rumiar sobre la injusticia de la vida y, en particular, la injusticia que se ha cometido con usted, o aplicarse a encontrar un nuevo puesto. Si desea de verdad otro trabajo, le aconsejo vivamente que opte por esta segunda actitud.

NOTA: *No abandone jamás.*

La vida no ofrece garantías, sólo ofrece oportunidades, y siempre hay más oportunidades allí donde surgió la última. Muéstrese flexible, estudie los distintos puestos que le proponen. Que no haya obtenido el que deseaba significa sólo que otro mejor le espera en su camino.

Otra situación que provoca el enfurruñamiento es la falta de atención. Supongamos que su mujer (o su marido) ha empezado un nuevo trabajo y se interesa tanto por éste que no parece disponer de un solo momento para dedicárselo a usted. Aunque se siente feliz y orgulloso de lo bien que se desenvuelve su pareja, siente también que su entusiasmo por el trabajo le priva de su atención, pero, en lugar de decirle que le parece que le abandona demasiado, se enfurruña. Cuando su pareja le pregunta qué le pasa, no se lo revela. Puede pensar entonces que tiene problemas en su propio trabajo y enfadarse porque trata de desquitarse con ella.

Cuando uno se encoleriza o se apena por algo que hace su pareja y resuelve la cuestión enfurruñándose, le niega su amor. Enfurruñarse en una forma de venganza o de castigo, que aleja al otro de usted y que acaba por destruir la confianza y la intimidad. Constituye una forma negativa de reacción que no le conducirá, ni a usted ni a nadie, a ninguna parte.

El inconveniente principal del enfurruñamiento reside en que no sirve para nada. No le aportará lo que desea, en este caso una atención amorosa. Para obtener lo que desea, tiene que pedirlo, de manera que no permita que la autoconmiseración se apodere de su ánimo. A usted le toca exponer lo que necesita.

NOTA: ***Los demás no pueden leerle el pensamiento.***

No es usted feliz cuando se enfurruña; quienes le rodean no son felices cuando usted se enfurruña... Entonces, ¿por qué obstinarse en ese comportamiento? Disfrutaría muchísimo más prescindiendo de éste e incrementaría sus posibilidades de conseguir lo que quiere.

GUIÓN

Es buena cosa que sepa lo que quiere. Enfoque el medio de alcanzar mis propósitos con confianza. Me mantengo alerta a las oportunidades que se cruzan en mi camino y esto me ayuda a lograr mi objetivo.

Afronto todos los problemas de modo eficaz y tranquilo. Los fallos que comete me ayudan a encontrar nuevas vías.

Mis necesidades son importantes para mí y encuentro fácil comunicárselas a los demás con toda amabilidad. Me muestro flexible y trato de llegar a mi meta con confianza.

RESUMEN

Mis necesidades son importantes para mí. Contribuyo a que los demás me ayuden a obtener lo que necesito.

O bien:

Trato de lograr mis objetivos con confianza.

El estrés

● Me siento incapaz de realizar el trabajo que me corresponde.

● Si cometo el más ligero error, me creo obligado a repetir todo el trabajo.

● Me lleva mucho tiempo olvidarme del trabajo cuando regreso a casa.

● Estoy constantemente irritable, agresivo o lloroso.

● Cualquier sensación de relajación producto de unas vacaciones se desvanece en cuanto pongo los pies en la oficina el primer día.

● He tenido problemas sexuales desde que empecé a sentirme dominado por el estrés.

● Acabo de tener un ataque al corazón.

● No dispongo de tiempo para descansar.

El estrés no es un privilegio de los directivos de alto nivel. Ataca a todas las capas de la sociedad. Tenemos que enfrentarnos a los altibajos de la vida cotidiana, ajustarnos sin cesar a las nuevas situaciones.

Mientras nos sentimos por encima de estos incidentes, todo va bien. Sólo cuando empieza a parecernos que perdemos el control, que somos incapaces de cumplir la tarea que nos está asignada, surgen los síntomas del estrés. Por ejemplo, su hijo puede estar hecho un manojo de nervios y absolutamente agotado después de sólo media hora de repasar la gramática francesa y, en cambio, pasarse toda la noche tratando de resolver un problema en el ordenador sin mostrar el menor signo de fatiga o de irritación. Que se reaccione positiva o negativamente al estrés depende de que se considere el trabajo como un desafío o como un fastidio.

El cuerpo humano está muy bien equipado para este proceso de adaptación constante al que nos vemos sometidos a diario. Cuando el cerebro percibe una situación como difícil o potencialmente peligrosa, envía una señal al sistema nervioso, que, al recibirla, reajusta de inmediato nuestras funciones físicas para que nos proporcionen un aumento de energía que nos permita realizar con mayor eficacia la tarea que nos espera. Por poner un ejemplo, si nuestra casa se incendia, el cerebro registraría (a través de los ojos) la presencia de las llamas y enviaría en el acto una señal de alarma al sistema nervioso simpático. A consecuencia de esto, se produce una descarga de adrenalina en la sangre, el ritmo del corazón se acelera, la presión sanguínea aumenta, se vierte azúcar en la sangre, se tensan los músculos, la respiración se entrecorta, y uno sale corriendo de la casa. Dadas las circunstancias, constituye una reacción útil, que probablemente nos salvará la vida. Por el contrario, si alguien reacciona de ese modo cuando se está examinando para sacar el carnet de conducir, le perjudicará, al bloquear su proceso normal de pensamiento.

Las reacciones físicas al estrés son mecanismos de supervivencia muy antiguos. Para escapar a la estampida de una manada de bisontes, el hombre primitivo tenía que echarse a correr *inmediatamente,* sin pararse a pensarlo. El estado físico de pánico le impedía considerar si debía dirigirse primero a su cabaña para sacar de ella su estaca o no. Su pensamiento racional quedaba prácticamente desconectado, ya que una vacilación le retrasaría, amenazando su supervivencia.

En la actualidad, raras veces nos vemos enfrentados a situaciones de verdadero peligro físico, en que necesitemos hacer uso de este mecanismo de «combate o huida» –tal es el término con que se conoce–, pero dicho mecanismo continúa operando. Lo que ayudaba al hombre primitivo a salvarse se ha convertido ahora en una reacción indeseable. En nuestros días, es el individuo que reacciona lentamente ante las situaciones de tensión el que sobrevive. Ya no estamos rodeados de animales predadores del hombre, y la mayoría de nosotros no tenemos que luchar físicamente para satisfacer nuestras necesidades básicas, como la comida y el albergue, por lo cual podemos permitirnos trasladar la etiqueta de «peligro» a otras cosas más contemporáneas, como la inseguridad del mundo laboral, los tests, los exámenes y el exceso de trabajo.

Hay que señalar un punto importante: no es la situación en sí la que causa el estrés, sino la *actitud* del sujeto frente a la situación lo que decide si reaccionará con estrés o no. Por ejemplo, si mira un examen como una amenaza, tendrá menos posibilidades de aprobarlo que si lo mira como un reto.

El estrés no forma parte integrante de la situación. Si fuera así, no habría gente que se presente a los exámenes tranquila y relajada, mientras que otros se comportan como si estuviesen drogados y son incapaces de pensar con claridad. Todos reaccionarían de la misma manera a una situación de examen. La *situación* es la misma para el que reacciona con calma y para los que se aterrorizan. Simplemente, la *perciben* de modo distinto. Un trabajo que impone muchas obligaciones *no tiene* por qué causar tensión, y el hecho de asumir muchas responsabilidades *no significa* automáticamente que se acabe con una úlcera gástrica o padeciendo insomnio.

El cuerpo y el cerebro funcionan unidos íntimamente. Cualquiera que sea el mensaje que el cerebro (la mente racional) envíe desde la sala de mando, será puesto en práctica por la tripulación (el sistema nervioso). Si el cerebro dice al sistema nervioso que lo están sometiendo a exigencias excesivas, el sistema nervioso simpático se adapta para hacer frente a una sobrecarga de trabajo. Esto se produce como una reacción en cadena, en una décima de segundo. Si se explota durante demasiado tiempo la capacidad de adaptación, el sistema se derrumba y el sujeto termina con una enfermedad de corazón o con una úlcera. No obstante, mucho antes de que ocurra, su cuerpo le advertirá. Los síntomas físicos a los que hay que prestar atención son los siguientes:

- Dificultades respiratorias, vértigos, náuseas.
- Exceso de apetito o falta de él.
- Fumar o beber demasiado.
- Problemas de sueño.
- Problemas sexuales.
- Sudoración.
- Impaciencia y morderse las uñas.
- Dolores de cabeza, de espalda o de cuello.

Y he aquí los síntomas mentales que indican la presencia del estrés:

- Pérdida de memoria.
- Sentimiento de frustración, agresividad, lloreras.
- Indecisión.
- Sentimiento de fracaso.
- Falta de concentración.

- Depresión.
- Ansiedad.

Si tiene usted un problema y reacciona a él con tensión, presentará alguno de estos síntomas físicos y mentales. Si duerme mal y se siente deprimido, estará menos preparado para resolver el problema que inició la reacción de estrés, y eso exacerbará la situación. Como no puede concentrarse, no alcanza a solucionar el problema y, en consecuencia, se siente fracasado, lo cual le deprime todavía más, aumentando su falta de concentración. Para romper este círculo vicioso, intente la experiencia siguiente:

Primeros auxilios

- Retírese lo antes posible y siéntese en cualquier parte.
- Inspire profundamente y cierre los ojos mientras espira el aire.
- Respire de nuevo profundamente (siempre a partir del vientre) y afloje las mandíbulas.
- Respire profundamente una vez más y deje caer los hombros.
- Otra respiración profunda, y abra las manos.
- Inspire profundamente, retenga el aire mientras cuenta hasta cinco y espire. Repita este último paso por lo menos cinco veces.

Este ejercicio de primeros auxilios le ayudará a eliminar los síntomas, le capacitará para pensar con mayor claridad, por el simple hecho de que le calmará, y permitirá que el oxígeno llegue de nuevo a su cerebro.

Cuando uno se encuentra bajo los efectos del estrés, tensa todos los músculos y los órganos de su cuerpo, incluido el aparato respiratorio, lo que tiene como consecuencia que el aliento se entrecorte, inhalando así menos oxígeno y reduciendo, por lo tanto, el nivel de actividad del cerebro.

Veamos ahora los puntos específicos.

«Me siento incapaz de realizar el trabajo que me corresponde»

Antes de nada, permítame subrayar que el hecho de trabajar desde las siete de la mañana a las nueve de la noche, sin descansar un instante, no significa que haga bien lo que está haciendo. No confundamos la *cantidad* con la *calidad*. Si no es capaz de despachar su tarea dentro de los límites de una jornada laboral razonable, no cabe duda de que algo falla.

¿Qué está tratando de demostrar quedándose siempre hasta tan tarde? ¿Que es usted indispensable y que la empresa quebraría a no ser por sus esfuerzos? No intente engañarse a sí mismo.

¿Pretende probar a sus padres que puede hacerlo, que es una persona valiosa? ¿Continúa aún buscando su aprobación y sus alabanzas? Y como no lo consigue, cada vez trabaja más duro. De este modo, se agota y comete errores que ha de rectificar, lo que le lleva más tiempo todavía.

Todas ésas son cuestiones generales, a las que podrá responder en alguna medida por sí mismo. Pero examinemos ahora los detalles esenciales del problema.

Si le parece imposible sacar adelante su trabajo, ¿no se deberá a que no sabe organizarse? ¿Pertenece a esa clase de personas cuya mesa de despacho desborda de papeles, de tal forma que les lleva media hora encontrar las actas de la reunión del mes pasado?

Tal vez mis palabras le hagan sonreír, pero no es nada de lo que uno deba sentirse orgulloso. Una mesa revuelta refleja el estado de su mente. El caos interior iguala al caos exterior. Organícese y *conserve* todo en orden. Es cosa suya, no de su secretaria. Arregle su mesa, clasifique sus papeles.

Fíjese la norma de no tocar nunca un papel dos veces. En otras palabras, si toma en sus manos una carta para archivarla e ignora dónde debe hacerlo, no la suelte hasta averiguar el lugar que le corresponde. No toque otro papel mientras esa carta no esté debidamente colocada.

Determine el orden de las prioridades. No intente hacer tres cosas a la vez. No puede dictar una carta en el magnetofón, atender a una llamada telefónica y ordenar su mesa al mismo tiempo.

Cuando entre por la mañana en la oficina, no se apresure a tender la mano hacia la bandeja.

Lo primero que ha de hacer al llegar es quitarse la chaqueta y sentarse. No se ocupe de nada por el momento. Respire profundamente, tome una hoja de papel y redacte una lista de lo que se ha de resolver hoy o en un futuro próximo. Cuando haya terminado, señale las cosas que se propone hacer hoy.

Antes de empezar ninguna de ellas, vea si puede delegar en otro algunas de sus tareas. Entre las restantes, empiece por las que le gustan *menos*. Procure sacárselas de delante primero. Por la mañana, su nivel de energía es más alto. Después de comer, el cuerpo y la mente aminoran considerablemente la marcha, haciéndole menos productivo. También resulta ventajoso desde el punto de vista psicológico, puesto que, durante el resto del día, se sentirá satisfecho de haber terminado con las cosas desagradables, en lugar de posponerlas una vez más.

Si al final de la jornada no ha sido capaz de solucionar todo lo que figuraba en su lista titulada «Urgente. Para hoy» y si esto le sucede con regularidad, hágase las consideraciones siguientes:

¿Es usted el burro de carga de su empresa o de su familia? ¿Todas esas cosas que hay que despachar aterrizan sobre su mesa o vienen a parar a sus manos porque los demás se niegan a hacerlo? Dentro de este contexto, carece de importancia que sea usted el jefe o la secretaria, la madre o el padre.

Si otras personas le están utilizando para deshacerse de lo que les estorba, debe detenerlas. Dígales que no está dispuesto a continuar así por más tiempo. *No prometa* respetar un plazo que sabe que no puede cumplir. *No acepte* más trabajo cuando ya está lo bastante agobiado. He aquí un par de ejemplos de cómo salir de una situación difícil.

El jefe entra precipitadamente con un fajo de papeles escritos a mano. La bandeja de la secretaria está llena a rebosar. La mujer lleva escribiendo a máquina desde las ocho y media de la mañana para finalizar su trabajo. Ahora está mecanografiando un importante presupuesto, que ha de terminar antes de las diez de la mañana siguiente.

El jefe (hablando a toda velocidad): «Aquí tiene las actas. Las necesito sin falta para mañana a la hora de comer». *(Y se dispone a marchar.)*

La secretaria (con voz muy clara): «Me temo que no va a ser posible».

El jefe (que se da la vuelta irritado): «Le digo que las necesito. No tiene más que quedarse después de las horas de oficina».

La secretaria: «Lo siento mucho, pero me es completamente imposible. Le aseguro que no veo el modo de que estén listas para mañana a la hora de comer».

El jefe (exasperado): «No me interesa si ve o no el modo de hacerlo. ¡Hágalo!».

La secretaria: «Si necesita esto con tanta urgencia, le sugiero que encarguemos el trabajo a un colaborador exterior a la casa. Es la única solución».

El jefe: «Encárgueselo a un colaborador, encárgueselo a Papá Noel, encárgueselo a quien le dé la gana... Me tiene sin cuidado, con tal de que esté listo para mañana por la mañana».

(Y sale, dando un portazo.)

No hay que disculparse en esos casos por no ser capaz de llevar a cabo el trabajo. Es importante no embarcarse en largas explicaciones sobre el porqué de que otros papeles corran más prisa. No se deje tampoco chantajear por el mal humor de su jefe. Ese malhumor es problema exclusivamente suyo, a usted no le atañe. Ya estaba furioso cuando entró en su despacho, así que usted no ha provocado su enfado. A usted le basta con repetir que no puede hacer lo que le piden y continuar repitiéndolo hasta que se les ocurra otra solución.

Veamos otro ejemplo. Imagine una madre ya mayor que espera impaciente a que su hijo vuelva del trabajo. Por fin, una llave gira en la cerradura. El hijo entra y se deja caer, muerto de cansancio, en el sillón más cercano.

La madre: «Gerardo, ¿me harías el favor de sacar el cubo de la basura?».

El hijo: «No faltaba más, pero déjame recuperar el aliento. Lo sacaré dentro de un minuto. Estoy reventado».

(Pausa. Luego:)

La madre: «Bueno, supongo que tendré que sacarlo yo. No sé si le sentará muy bien a mi pobre espalda, pero...».

El hijo (que permanece sentado): «Muy bien, mamá, si prefieres ponerte peor de la espalda por no esperar diez minutos, me temo que no puedo hacer nada por ayudarte».

La madre (que al principio no sabe que responder): «Eres un ingrato. Después de todo lo que he hecho por ti...».

El hijo (sin levantarse todavía): «No te preocupes, mamá, sacaré el cubo dentro de un momento».

(La madre sale de la habitación refunfuñando.)

ATENCIÓN:

No se deje distraer por los comentarios que encierran mensajes tipo chantaje como éste: «Con todo lo que he hecho por ti...». No tienen nada que ver con el motivo de la discusión.

Muéstrese inflexible y no será vencido.

Sea cortés.

Repita su argumento hasta que el otro ceda.

Se puede decir «no» de la manera más clara sin ser agresivo o descortés. El truco está en la repetición del mensaje. No se deje apartar de su intención por acusaciones o por un chantaje emocional. Persista y obtendrá lo que quiere.

Cuando se haya comportado así unas cuantas veces, la gente empezará a darse cuenta de que no está dispuesto a aceptar trabajo extra o a dejarse dominar y, al cabo de breve tiempo, advertirá que deja de presentarle exigencias irrazonables. Se habrá convertido en una persona segura de sí misma, y los demás le respetarán por ese motivo.

«Si cometo el más ligero error, me creo obligado a repetir todo el trabajo»

Si está escribiendo una carta y pone una falta de ortografía, teniendo que tachar la palabra, ¿rompe usted la carta? Si pasa la aspiradora por el cuarto de estar y alguien pisa la alfombra, ¿se agacha para colocar bien el borde?

¿Le parece inaceptable que los demás no sean perfectos? Entonces le parecerá también insoportable tener defectos y cometer errores, lo cual significa que, tanto en casa como en la oficina, permanece tan pendiente de todos los pequeños detalles que olvida lo que tiene verdaderamente que hacer.

Cuando haya de hacer dos llamadas telefónicas urgentes y dictar tres cartas importantes, se desfasará sin esperanza en su horario de trabajo, porque habrá dedicado demasiado tiempo a decidir si le gusta o no la presentación de la carta que su secretaria acaba de mecanografiar. Si tiene montones de cosas que hacer en casa, desperdiciará una energía preciosa limpiando la superficie de la cocina cada vez que uno de los miembros de su familia la empaña con el aliento.

Determine bien el orden de sus prioridades. Nunca será capaz de controlarlo todo y a todas las personas que hay a su alrededor. Su propia capacidad está también sujeta a fluctuaciones. No hay nadie perfecto en todas las ocasiones. Todos cometemos equivocaciones, *es lo normal*. No van a considerarle inferior porque de vez en cuando haga algo mal.

Piense en el pasado. Probablemente recordará que, cuando era joven, le resultaba muy difícil complacer a uno de sus padres, cuando no a los dos. Tal vez adoraba usted a su madre, por ejemplo, pero, hiciese lo que hiciese, nunca era lo bastante bueno para conquistar su aprobación. O tal vez *sólo* le demostraban amor cuando cumplía todas las normas paternas.

Los niños necesitan sentirse queridos, así que lo intentan todo por conseguir ese amor, lo que a veces da lugar a una situación muy frustradora, ya que, por mucho que lo intenten, nunca lograrán que les amen, porque nunca les será posible obedecer a *todas* las reglas.

No hay por qué prolongar ese juego más tarde, en épocas posteriores de la vida. Se merece usted algo mejor que eso. Haga una lista con todos los aspectos de sí mismo que le agraden. Dedíquele todo el tiempo que crea necesario, añádale lo que considere como puntos adicionales. ¿Tiene sentido del humor? ¿Es considerado, un buen oyente, de conversación entretenida, un amigo leal, una persona cariñosa? Anote todo eso. Repase la lista todos los días. ¡Ése es usted!

Empiece a tratarse como la persona maravillosa que es. No se exija cosas irrealizables. Concédase un descanso. Libérese de las reglas que le impusieron cuando era pequeño. Esas reglas han caducado y necesitan ser revisadas. Las circunstancias han cambiado, ya no vive con sus padres. Ha llegado el momento de crearse sus propias reglas, unas reglas adaptadas a su personalidad. Verá que ser más indulgente consigo mismo le ayuda a trabajar mejor y a vivir con menos tensión, simplemente porque estará más relajado.

NOTA: ***Es usted su mejor amigo: sea amable consigo mismo.***

«Me lleva mucho tiempo olvidarme del trabajo cuando regreso a casa»

Ha entrado ya en la espiral del estrés. La situación es sólo tolerable si no se prolonga demasiado. Cuando se pasa por un periodo de tensión, hay que reservarse los fines de semana. Si eso no le está permitido, vaya tarde al trabajo por la mañana o regrese a casa temprano, siempre que le sea posible. Asegúrese también de tomarse unas vacaciones después de terminar esa labor en particular, *antes* de que otra cuestión urgente surja en el horizonte. Diga bien alto y bien claro que va a marcharse. Anúncielo tan pronto como sepa que puede hacerlo. Si se presenta algo urgente, ya encontrarán a alguien que lo haga mientras usted se encuentra ausente.

No se cargue las preocupaciones de su empresa o las del mundo sobre los hombros. Sólo conseguiría deslomarse, sin beneficio de nadie. No caiga en la ilusión de creerse irreemplazable. Si su empresa o su familia quieren que haga un buen trabajo para ellas, han de concederle un tiempo razonable para recargar sus baterías.

Sus hijos deben enterarse de que no es usted el criado de la familia. Tiene que enseñarles que, cuando llegan a cierta edad, se espera de ellos que se encarguen de ciertas tareas y que usted no está allí para servirles en cada momento. Insista en gozar de algún tiempo libre, aunque sólo sea media hora diaria. Acostumbre a su familia a esta idea y, más tarde, podrá aumentar fácilmente su tiempo privado.

Un cambio de panorama constituye con frecuencia un buen sistema para desconectarse. Puede tratarse de un viaje de fin de semana, una visita a unos amigos o la iniciación de un pasatiempo o de una nueva actividad. Como regla general, es aconsejable ajustar las actividades posteriores al trabajo al grado de tensión al que uno esté sometido. Cuanto más alto sea el nivel del estrés en su vida laboral, menos fatigoso debe ser su pasatiempo. Carece de sentido pasar de un ambiente de trabajo creador de tensión a una partida reñidísima de pelota vasca o a un fin de semana agotador. Lo que usted necesita es distracción, no destrucción. Aunque se haya pasado todo el día sentado tras la mesa de su despacho, sin hacer apenas ejercicio, no significa que se encuentre usted tan fresco como una rosa desde el punto de vista físico.

Como hemos visto, el estrés mental tiene consecuencias físicas. Cuando uno se encuentra bajo una gran presión en el trabajo, esto afecta a su cuerpo en tanta medida como si se hubiera entregado a un ejercicio físico extenuante. Tal es la razón de que no sea buena idea dedicarse a algo igualmente extenuante una vez que se sale de la oficina. Si lo hace, recargará su sistema. Es como conducir el coche a tope durante todo el tiempo. Cualquier día, el motor le causará problemas. En lugar de eso, elija un deporte entretenido y que le permita ejercitar su cuerpo en un grado moderado. Mírese después en el espejo. Si aparece mortalmente acalorado, se está sobrepasando.

Si no se interesa por los deportes o no le gusta asistir a ningún curso, cambie por lo menos de rutina cuando vuelve a casa por la tarde. Hacer las cosas siempre de la misma manera, le deja mucho tiempo libre para rumiar sus preocupaciones. Póngase una ropa diferente, siéntese y charle con su pareja, hagan el amor en el cuarto de estar en vez de hacerlo en el dormitorio (acuérdense de mandar a los niños al cine primero), oiga música en lugar de ver la televisión, báñese a la luz de las velas o llévese a su pareja a cenar fuera. Celebre la felicidad de estar vivo a pesar de su trabajo.

Convierta en una regla el mantener apartada su vida privada de su vida laboral. No permita que el trabajo se imponga a todos los demás aspectos de su vida. Su vida privada es tan importante como él. Las personas que viven exclusivamente para su trabajo encuentran muy difícil adaptarse a la jubilación, ya que nunca han cultivado ningún interés privado y, de repente, aparece en su vida un gran vacío. El trabajo ha terminado y no hay nada para reemplazarlo.

«Estoy constantemente irritable, agresivo o lloroso»

Son los signos de que se ha avanzado un poco más en la espiral del estrés. Si en general se muestra usted paciente y animado, la irritabilidad y la tendencia al llanto suponen sólo un cambio temporal en su personalidad. No es usted mismo en estos momentos.

La irritabilidad, la agresividad y la tendencia al llanto tienen una cosa en común: las tres son variantes del miedo. Algunas personas se retraen cuando están asustadas (llanto), otras atacan (irritabilidad, agresividad), pero la causa subyacente es la misma.

El sentimiento de estar acorralada ejerce tal presión sobre la persona que prácticamente está fuera de sí. Cuando se halla en ese estado mental, hace y dice cosas que no son típicas en ella. Una vez que se recupera, lamenta lo que ha dicho, aunque, para entonces, el daño ya está hecho y, a menudo, resulta difícil repararlo.

La tendencia al llanto no tiene consecuencias dañosas para los demás. La irritabilidad y la agresividad, sí. Pueden resultar muy perturbadoras para quienes rodean a la persona en tensión. Normalmente, quienes se hallan situados más abajo en la escala del poder soportan lo más duro de los ataques.

La irritabilidad constante provoca una oleada mucho más extensa de lo que podría pensarse. El mal humor causado por algo que sucedió en el trabajo no se queda atrás cuando uno cierra la puerta de la oficina. Nos lo llevamos a casa con nosotros. Si no tiene usted la oportunidad de desahogarse, porque ha estado en reunión todo el día y porque su secretaria desaparecía de los lavabos cada vez que usted entraba en su despacho, lo descargará sobre su cónyuge o sus hijos. Aun en el caso de que no *les chille,* creará a su alrededor una atmósfera especial, y todos procurarán andar de puntillas para no llamar su atención. Los niños desaparecerán en sus habitaciones, su cónyuge le preguntará qué le pasa y usted estallará: «¡Nada! ¿Es que ni siquiera se puede cenar en paz?». El otro se enfadará y se negará a dirigirle la palabra, de modo que, de pronto, todo se hace claro para usted: nadie le quiere.

El porcentaje de divorcios entre las parejas en que uno o ambos de sus miembros ocupan puestos donde están sometidos a una presión constante es muy alto. En el ejemplo anterior, el estrés se contagió de uno de los miembros al otro, y de este segundo a los hijos.

Los adultos que padecen de estrés pueden provocar la aparición en sus hijos de enfermedades o problemas, como el de orinarse en la cama, la hiperactividad y los espasmos. Se ha demostrado que los niños se recuperan de sus síntomas tan pronto como su madre o su padre se someten a tratamiento para liberarse del estrés.

Un desequilibrio en una parte del sistema familiar conduce siempre a otros problemas dentro de ese sistema. En cierto sentido, el niño difícil actúa como una válvula de seguridad y resulta muy útil para sus padres, ya que pueden entonces considerar al *niño* como el elemento perturbador de la familia, en lugar de analizar sus propios problemas, causantes de que las relaciones matrimoniales se hayan deteriorado. Tal es también el motivo de que sea muy difícil convencer a los padres para que recurran a una terapia. Argüirán que es su hijo el que tiene un problema, no ellos.

Si le *gusta* su trabajo y no quiere dejarlo, necesitará adoptar una nueva actitud. El día tiene veinticuatro horas. Nadie dispone de más. Si no le queda tiempo libre al final del día para disfrutar de lo que ha realizado, va por un camino erróneo. Empiece por crearse algunos islotes de paz.

● En la medida de lo posible, no acepte llamadas telefónicas durante los primeros diez minutos que pase en la oficina.

● Relájese. Apártese mentalmente de su trabajo. Compruebe las condiciones de su respiración, sus mandíbulas, hombros y manos. Asegúrese de que están distendidos, no en tensión.

● Recuérdese los éxitos que ha tenido, las veces en que actuó a la perfección y se superó a sí mismo. No importa si sucedió ayer o hace veinte años. El éxito es el éxito. *Pensar* en el éxito *atrae* el éxito.

● Pregúntese al final del día si ha actuado de la mejor manera posible. Si contesta afirmativamente, no hay nada más que hacer. Si no ha sido capaz de acabar todo lo que quería acabar, de todas formas ha hecho cuanto estaba en su mano. Tome nota de lo que queda postergado y déjela sobre la mesa para la mañana siguiente. Una vez que lo haya pasado al papel, expúlselo de su mente.

● Si se acuerda de otras cosas durante la velada, ya en casa, póngalas por escrito a fin de que no se le olviden.

● Empiece a pensar si lleva usted la vida que desea llevar.

● Haga un esfuerzo consciente por hablar, andar y comer lentamente. Empiece por una de estas cosas, la que le parezca más fácil. Pídale a alguien que le recuerde su resolución. Haga cosas a cámara lenta, deliberadamente. Si frena la velocidad de sus actos, su mente se calmará.

«Cualquier sensación de relajación producto de unas vacaciones, se desvanece en cuanto pongo los pies en la oficina el primer día»

Las vacaciones y la sensación de relajación que producen deberían perdurar por lo menos en una pequeña medida durante los primeros días de trabajo. Si no sucede así, o bien no supo relajarse durante ellas, o bien realiza usted un trabajo que no le va o lo hace a un nivel que no le corresponde.

Concédase el tiempo preciso para sentarse y pensar en su trabajo. ¿Es la clase de ocupación que le atrae? ¿Está en armonía con sus valores morales? ¿Le permite poner de manifiesto sus dotes? ¿Qué atmósfera reina en él, relajada o tensa? ¿Le gusta dirigirse a su lugar de trabajo por la mañana o lo teme? En general, ¿siente que hace bien lo que está haciendo? ¿Le pagan lo suficiente? ¿Tiene que viajar demasiado a causa de su trabajo? En caso afirmativo, ¿causa esto problemas en su vida privada? Si no fue usted quien eligió el empleo que tiene, ¿quién lo eligió por usted? ¿Continúa tratando de complacer a sus padres, que quisieron que se encargase del negocio familiar? ¿Es usted funcionario porque, cuando se trató de buscar trabajo, se consideraba éste como deseable? ¿Le urgieron para que empezase a ganar dinero cuando usted hubiera preferido seguir estudiando?

No sugiero ni por un momento que presente usted su dimisión mañana mismo y se convierta en un jardinero paisajista o en un criador de perros en cualquier parte remota del país. Sin embargo, es importante aclarar los motivos que le llevaron a elegir su profesión.

Si descubre que no está haciendo realmente lo que corresponde a sus intereses, empiece a modificar las cosas poco a poco. O quizá se dé cuenta de que el trabajo está bien, pero que sus cualidades le inclinan, digamos, más bien al aspecto administrativo que al de gerencia, que desempeña ahora. Quizá se produzca una vacante en un puesto que se ocupe más de la administración y pueda solicitarlo. Sólo será capaz de aprovechar la oportunidad si es consciente de sus preferencias.

Por otra parte, quizá su trabajo no le entusiasme particularmente, pero piense que no tiene ninguna oportunidad de dejarlo o de cambiar de puesto dentro de su empresa por el momento. En ese caso, le convendría compensar esa falta de estímulo asistiendo a algunas clases nocturnas que le ayuden a promocionar sus verdaderos intereses. Dichas clases no tienen por qué presentar un carácter utilitario. Pueden ser totalmente «inútiles», con tal de que despierten su interés.

Hay algo muy importante: Cualquiera que sea el trabajo que haga, emplee en él todas sus capacidades. Es crucial para conservar la estima de sí mismo. Aun en el caso de que se dedique a fregar los suelos, debe asegurarse de que realiza la faena como debe. Si merece la pena hacer un trabajo, merece la pena hacerlo bien. Concéntrese en su tarea. No mecanografíe una carta y la presente a firma sin haber comprobado antes los errores. Y no permita que su jefe salga del paso dándole vagas instrucciones. Si quiere un buen trabajo, debe explicar las cosas apropiadamente. Enorgullézcase de su trabajo. Eso revertirá sobre usted. Si efectúa su trabajo de modo chapucero, ¿en qué otros aspectos se mostrará cuidadoso?

NOTA: *El exterior refleja el interior.*

«He tenido problemas sexuales desde que empecé a sentirme dominado por el estrés»

He aquí otro efecto físico secundario y desagradable del estrés: el centro del placer se cierra. En época de guerra, las barracas de atracciones son las que desaparecen primero.

Como ya expliqué previamente, el cuerpo reacciona al estrés preparándose para el combate o la huida. Sólo el instinto de reproducción se opone a esta reacción y, por lo tanto, se atenúa. El cuerpo se tensa, sobre todo en la espalda, los hombros y la región del estómago y, si el sujeto es incapaz de relajarse, la tensión se prolonga en esos puntos. Ahora bien, para excitarse sexualmente, hay que eliminar la tensión, cosa que sólo será posible si se deja de pensar en los problemas que la provocaron en primer lugar.

Una vez más, lo que acabamos de decir constituye un buen ejemplo de cómo el pensamiento influye sobre las funciones corporales. Existe una conexión directa entre la mente consciente y la mente subconsciente, entre el cerebro y el sistema nervioso. El sexo es uno de los últimos instintos que nos restan, y la unidad armoniosa de cuerpo y mente resulta vital para él.

La actividad sexual se inicia en la cabeza. Uno se excita porque piensa en otra persona con amor, porque mira una imagen estimulante, porque sueña con algo que le excita. En otras palabras, su mente tiene que estar ocupada con pensamientos o imágenes que ejerzan un efecto erótico. En consecuencia, el cuerpo se relaja, los músculos se distienden y la sangre afluye a todas las partes apropiadas de la anatomía, haciéndolas sentirse maravillosamente vivas.

El sexo va siempre acompañado por situaciones imaginarias de contenido sexual. Trate, por ejemplo, de excitarse pensando en la comida de ayer. Le prometo que no le dará resultado. Le dará todavía menos resultado pensar en algo que le desasosiegue, ya que pensar en una situación provocadora de estrés crea una tensión física que es exactamente lo contrario de lo que se precisa para iniciar una actividad sexual. La actividad sexual no tiene lugar cuando el sujeto está hipernervioso o irritado. En tal estado, no soportará que le toquen, mucho menos que le toquen desde el punto de vista sexual.

El hecho de que tenga problemas sexuales indica que o bien está completamente agotado en el aspecto físico o que no sabe desconectarse de las cosas que le fuerzan a reaccionar con estrés. Su cuerpo se halla constantemente a tope y no logra ya volver a su nivel normal. Una vez alcanzado este estadio, su sistema nervioso se vuelve hipersensible. Cuando alguien está sometido a una tensión excesiva, es como si se convirtiese en «alérgico» a los problemas. La más ligera perturbación desencadena en el acto la puesta en marcha de todas las señales del estrés, aunque ese mismo problema no le afectaría en absoluto si se encontrase más relajado.

De este modo, tan pronto como se da un exceso de estrés, la conexión cuerpo-mente entra en un círculo vicioso: los problemas agravan el estrés, el estrés agrava los problemas. El sujeto es menos capaz de resolver el problema y, por consiguiente, se siente cada vez menos competente y sometido a mayor presión para actuar correctamente. Lo mismo ocurre en la cama. Cuanto más se esfuerce uno por obtener una erección o un orgasmo, cuanto más luche por evitar una eyaculación precoz, menos lo logrará.

NOTA: *Cuanta más fuerza de voluntad ponga en alcanzar su objetivo, menos lo conseguirá.*

El sexo no tiene nada que ver con la determinación, sino con la relajación y la imaginación. Su cuerpo no se dispondrá para la actividad sexual si su mente no deja de vagabundear de tal forma que le sea posible concentrarse en hacer el amor.

«Acabo de tener un ataque al corazón»

Y no le ha caído del cielo, ¿verdad? Sentía dolor en el pecho desde hacía tiempo, y también en el interior del brazo. Antes de eso, hubo problemas de sueño, problemas de relajación, dolores de cabeza, palpitaciones, elevación de la tensión sanguínea y una sensación general de abatimiento.

Su médico le advirtió de que corría el peligro de tener un ataque al corazón a menos que dejase de trabajar tanto, pero le parecía más sencillo tomar tabletas para vencer los dolores de cabeza, bajar la tensión y noquearle por la noche, de modo que pudiese dormir, ¿Qué más da que se tome un somnífero o que se beba media botella de vodka? En ambos casos, estará listo para acostarse. Y en ambos casos, no habrá hecho nada bueno. Los efectos secundarios de los somníferos y del alcohol son bien conocidos en la actualidad.

Recibió usted un gran número de señales de alarma que prefirió ignorar, de forma que su cuerpo tuvo que dar un paso más para forzarle a dejar de trabajar de modo exagerado: fundió un fusible. Ahora no le *queda más remedio* que descansar, ya que su sistema sufrió un colapso.

Se le ofrecía una alternativa. Pudo evitar que esto sucediese, tomando voluntariamente las medidas apropiadas. Ahora yace en la cama del hospital, obligado durante algún tiempo a la inactividad, de modo que dedíquelo a pensar en lo ocurrido y en cómo prevenir que ocurra de nuevo. Y ocurrirá de nuevo, no lo dude, si continúa viviendo como ha vivido hasta ahora.

El hecho de haber padecido un ataque al corazón le ayudará a cambiar, ya que todo el mundo aceptará que reduzca sus tareas y sus compromisos después de una enfermedad grave. La gente que se entere de su ataque al corazón tenderá a ser más considerada y a alejar de usted los problemas. Aproveche al máximo este periodo inicial. Es el mejor momento para introducir cambios en su actitud y en su estilo de vida. Recuerde que, a menos que haga algo y empiece a dirigir su vida por otros cauces, su cuerpo le impondrá el cambio por la fuerza.

¿Cuál era su razonamiento antes del ataque al corazón? ¿Cómo justifica su entrega suicida al trabajo? ¿Su empresa no podía sobrevivir sin usted? Muy bien, pues ahora ha de sobrevivir, lo quiera o no, ¿verdad? ¿No quería que sus colegas más jóvenes se le adelantasen? Con el objetivo que se había fijado, convirtió verdaderamente sus peores miedos en realidad, ya que la empresa tendrá que encontrar ahora a alguien que le sustituya, alguien que muy bien puede ser un colega más joven.

Sus motivos pueden haber sido nobles, pero no cabe duda de que eran también miopes. ¿Acaso el presidente de su compañía le ha dado las gracias recientemente por su lealtad, por sacrificar su salud en favor de la empresa? Me permito dudarlo. ¿Y de qué le sirve una nota necrológica muy halagüeña en el periódico si ya está criando malvas?

No tiene usted más que *una* vida, y el tiempo se le escurre entre los dedos como la arena. Antes de que uno pueda apreciarlo, el hoy se convierte en ayer. La vida se desarrolla día a día. Conviene, pues, aprovecharla diariamente al máximo. Su vida es una representación real, no un ensayo general.

Alcanzar la felicidad es importante y jamás deberíamos posponerlo hasta la semana próxima, puesto que la semana próxima quizá no llegue nunca para nosotros. Sea consciente de que hoy es el primer día del resto de su vida. Cada día tiene un valor incalculable y nunca somos más conscientes de ello que durante una enfermedad grave.

Empiece a pensar en las cosas que solía considerar como importantes cuando era más joven: la familia, los amigos, los viajes, descansar al sol, disfrutar de un entretenimiento. ¿Adónde han ido a parar todas ellas? Las ha abandonado y reemplazado por el trabajo y la ambición, pero se trata de un arreglo desequilibrado, en el que la cabeza ordena y el corazón sufre. Sólo si reajusta ese desequilibrio se verá a salvo de otra enfermedad catastrófica.

Cuando medite sobre aquello que le desasosegaba en su trabajo, se sorprenderá al comprobar lo insignificante que se ha vuelto de repente al examinarlo comparado con ver la luz del próximo día. Los problemas se convierten en ridículamente pequeños cuando se miran desde una cama de hospital, en una unidad de cuidados intensivos.

Devuelva las cosas a su verdadera proporción. El trabajo *no es* lo más importante. La felicidad y el contento dependen también de otras muchas facetas de la vida que no se relacionan con el trabajo. Todavía está vivo. Se le ha concedido una segunda oportunidad. No la deje pasar.

«No dispongo de tiempo para descansar»

Pues agenciéselo. Descansar es importante. Cuanto más duro trabaje, más necesario le será. Las pausas no constituyen un lujo, sino una necesidad. Ayudan a aclarar la cabeza, a recuperar las fuerzas, a mantener una perspectiva objetiva y a conservar la salud, lo que significa que trabajará de manera más eficiente.

Supone un error creer que una persona que trabaja sin descanso produce más y da mejores resultados. La verdad es todo lo contrario. Los trabajoadictos no producen más que las personas que se permiten descansar y no realizan un trabajo de mejor calidad que los demás. Sólo *parecen* muy ocupados. Desde luego, no son ellos los que descubren la mejor solución de los problemas, ya que, por regla general, los árboles no les permiten ver el bosque. Y tampoco obtienen ninguna satisfacción en el cumplimiento de su trabajo. El trabajo no tiene por qué ser forzosamente una fiesta, pero asumir grandes responsabilidades no significa que sea preciso mostrarse siempre con el ceño fruncido.

¿Se ha dado cuenta de que hay siempre dos grupos de gente en una oficina? Uno de ellos sale regularmente a la hora de comer; el otro (que suele ser el más pequeño) se contenta con un bocadillo, despachado sin levantarse de la mesa, garabateando un informe o dejando caer las migas sobre sus papeles. ¿Por qué pertenece usted a este segundo grupo? Quizá piensa que hacer una pausa equivale a dejarse llevar por la pereza. Pero *usted* sabe muy bien que no es perezoso. Lo que significa probablemente es que le asusta pensar que los *demás* le consideren perezoso. Indica también una gran desconfianza por su parte en cuanto a la calidad del trabajo que lleva a cabo. Si creyese que sus resultados son buenos, descansaría sin preocuparse, ya que pensaría que se lo merece.

Además, ¿de dónde saca que los demás le critican por irse a comer? ¿Ha insinuado algo su jefe a este respecto? Si no lo ha hecho, deduzca entonces que no lo piensa. Si su jefe sale a comer, le aconsejo que lo interprete positivamente en su favor. Si él tiene derecho a hacer una pausa, también lo tiene usted, automáticamente.

Y si su jefe no sale nunca a comer, le haría un gran favor demostrándole que puede permitírselo. Que sea un trabajoadicto no quiere decir que tenga usted que estropearse la salud por simpatía. Sea tajante en cuanto a su derecho a salir. Guarde su contrato de trabajo en el cajón de su mesa y repáselo antes de marcharse. Dirá sin duda: «Horario de 9 de la mañana a 5 de la tarde, con una hora libre para comer». Ahí está, escrito con todas sus letras. Le recomiendo que se atenga a su contrato.

Si *es usted* el jefe, su contrato no dirá nada acerca de las pausas para ir a comer. En cambio, dirá muchas cosas sobre extras como disponer de un coche pagado por la empresa, participaciones en los beneficios y pluses. No olvide nunca que todas esas ventajas no le servirán de nada si acaba con una úlcera o con un derrumbamiento nervioso. Si la empresa le concede esos extras, supongo que querrá disfrutarlos, y sólo puede hacerlo si conserva la salud.

GUIÓN

Soy una persona constructiva, con una visión positiva de la existencia. Me quiero a mí mismo y quiero a mi cuerpo. Descanso con regularidad. Me relajo y permito que mis músculos se distiendan.

Me siento a gusto. Nada me perturba. Estoy tranquilo y sereno, respiro de manera regular y suave. Estoy profundamente relajado, y una gran sensación de paz invade todo mi cuerpo y mi mente. Las cosas que acostumbraban a inquietarme me dejan ahora impávido.

Todo cuanto he de hacer lo hago de modo eficaz y sin esfuerzo. Sé que puedo enfrentarme a todo lo

que surja en mi camino, y este conocimiento me infunde fuerza. Todo cuanto intento lo consigo fácilmente.

Mi confianza en las capacidades que poseo aumenta a diario, a medida que se incrementa mi fuerza. Soy más fuerte cada día.

Tan pronto como abandono mi lugar de trabajo, lo relego al olvido y, cuando me voy a la cama, me duermo de inmediato. Por la mañana, me despierto recuperado y lleno de energía. Contemplo la perspectiva del nuevo día y me siento feliz y confiado en cuanto a mi trabajo.

Resumen

Nada me perturba. La confianza que siento en mí mismo es sólida como una roca.

O bien:

Estoy seguro de tener éxito. Consigo mis propósitos fácilmente.

O bien:

Me relajo fácilmente. Mi cuerpo se recupera con rapidez y, después de cada descanso, estoy lleno de energía.

La preocupación y el remordimiento

● Me es imposible dormir cuando algún problema me ronda por la cabeza.

● Me preocupan mucho los tests y los exámenes.

● Cuando algo me preocupa, me agua todas las satisfacciones.

● Estoy preocupado por mis hijos.

- Si me hubiera casado con otra mujer, sería más feliz.
- El error que he cometido me hace sentirme fatal.
- Me siento culpable por haber cometido una injusticia.
- Si hubiera continuado estudiando, ahora ganaría más dinero.

La preocupación y el remordimiento son dos de los principales causantes de la pérdida de tiempo en este mundo. Consumen grandes cantidades de energía y no llevan a ninguna parte. No alteran los hechos, sólo hacen que uno se sienta deplorablemente. Preocuparse y entregarse al remordimiento son hábitos tan malos como el fumar o el comer en exceso, pero no hay necesidad de cargar con ellos para el resto de la vida.

La preocupación consiste en sentir ansiedad frente al futuro. ¿Seré capaz de seguir viviendo sin mi novio? ¿Qué sucederá si no puedo pagar esa cuenta? ¿Aprobará mi hija los exámenes? ¿Tendré éxito en mi nuevo empleo? Preocuparse equivale a dudar del desenlace feliz de una situación, de la propia posibilidad de resolverla. Y el simple hecho de dudar empieza a conjurar en su interior imágenes de desastre y de fracaso.

¿Se da cuenta de lo que esto significa? Significa que está imaginando algo negativo cuando quiere que suceda algo positivo...

NOTA: *Cuando la voluntad se opone a la imaginación, siempre sale victoriosa la imaginación.*

Al preocuparse, no sólo se hace enteramente infeliz a sí mismo, sino que hace al mismo tiempo más probable un resultado negativo. Si se preocupa acerca del discurso que debe pronunciar mañana, llenará su mente de imágenes negativas, viéndose tropezar al subir a la plataforma, olvidar lo que tiene que decir, con la boca seca o con un ataque de tos, o tartamudeando, o temblándole las manos al ajustar el proyector que hay sobre su cabeza, o siendo incapaz de retener la atención de su auditorio.

Con tales pensamientos en la cabeza la víspera del gran día, pasará una noche sin descanso, con un sueño entrecortado, de modo que, a la mañana siguiente, al despertarse, estará agotado. Esto, a su vez, reforzará sus pensamientos negativos. No alcanza a pensar con claridad, así que se preocupará todavía más con el temor de olvidar su texto y sentirá un cosquilleo en el estómago.

Esta sensación indica que su sistema nervioso, una vez más, está poniendo en práctica las órdenes que recibe del cerebro: «¡Atención! ¡Peligro a la vista! ¡Todos los sistemas en alerta!».

Si se siente *obligado* a pensar en el discurso de mañana, imagínelo como un éxito. Tan pronto como advierta que se introducen subrepticiamente pensamientos negativos, córtelos. Recuérdese a sí mismo que es una persona constructiva y que, por lo tanto, ya no quiere seguir permitiéndose pensamientos de desastre. Tan pronto como se le venga a la cabeza un pensamiento negativo, reemplácelo por uno positivo.

Véase subiendo los escalones de la plataforma con calma y seguridad, véase exponiendo su tema con voz clara y fuerte. Vea a la gente escuchándole con interés, asintiendo con agrado, sonriéndole, riéndole los chistes. Imagine un gran aplauso al final del discurso que ha pronunciado con tanta maestría. Véase bajando del estrado, lleno de orgullo y satisfacción por sí mismo y por su éxito, vea a la gente estrechándole la mano y felicitándole.

Esos pensamientos positivos le ayudarán a enfocarse sobre el éxito. Si ha preparado bien su discurso, no hay razón para que dude de su triunfo.

Dedique tanto tiempo como pueda a pensar en el éxito. Empiece desde el momento en que se entera de que ha de pronunciar un discurso. Así se imprimirá en su subconsciente una imagen positiva, que ejercerá automáticamente su influencia cuando llegue el día de la verdad. Esta técnica da resultado porque su mente subconsciente es incapaz de distinguir entre lo que ha hecho en realidad y lo que se ha limitado a imaginar. La mente subconsciente no hace otra cosa que registrar lo que usted le envía para que lo almacene. Por lo tanto, si llena su mente con imágenes de calma y de éxito en conexión con su discurso, es como si lo hubiera ya pronunciado sin ningún tropiezo. Ha emparejado «pronunciar un discurso» con la sensación de «calma y serenidad», y esta asociación ha sido almacenada, de tal forma que, en el día señalado, su mente subconsciente pone en marcha la «grabación», facilitando la pronunciación del discurso y predisponiéndole al éxito, con lo que su sistema nervioso se mantendrá relajado.

Con el pensamiento positivo sucede algo semejante a lo que sucede con la oración. Mientras reza para salir de una situación problemática, mientras ruega por obtener un buen resultado, *pien-*

sa al mismo tiempo en ese buen resultado, piensa en el alivio que sentirá cuando el problema se haya resuelto. Reza porque cree que es el único medio de obtener ayuda. Y así llena todos los requisitos para asegurarse el buen resultado. Imagina el éxito y cree en él. La oración no cambia a Dios; cambia a la persona que reza.

Cuando uno está preocupado por cuestiones monetarias, le parece que no tiene ninguna influencia sobre la situación y, en consecuencia, no puede dejar de preocuparse. Yo insisto en que, incluso en unas circunstancias financieras difíciles, no se gana nada preocupándose. Probablemente no es la primera vez que anda escaso de dinero. ¿Tengo razón al presumir que está leyendo estas líneas en su apartamento y no abrigándose con una caja de cartón bajo un puente de la autopista? En otras palabras, ya en otras ocasiones se las ha arreglado para salir de apuros. No hay motivo para pensar que será distinto ahora.

NOTA: ***El hecho de que no vea usted la solución no significa que ésta no exista.***

Piense en sus dilemas anteriores y en cómo los resolvió. Lo único que ha de tener en cuenta es que al final los problemas siempre se solucionan.

Una de mis clientes me contó que, un mes en que andaba escasa de dinero, tuvo necesidad de pagar una cuenta. No sabía de dónde iba a sacarlo, pero en vez de preocuparse por la cuestión, decidió dejar que se resolviese por sí misma. Unos días más tarde, recibió un cheque por la cantidad que necesitaba, como reembolso de un par de zapatos que había devuelto por defectuosos.

NOTA: ***No crea en los milagros; confíe en ellos.***

A la gente se le ocurren las mejores ideas cuando se encuentra en situación más apurada. No tener un céntimo supone el mejor incentivo para hacer trabajar las meninges. Es asombroso cómo la gente logra encontrar el dinero para las cosas que quiere realmente. Alguien sueña con un sistema estereofónico en particular, por lo cual mantiene los ojos bien abiertos, a fin de no perderse las oportunidades de ganar dinero extra. Y esas oportunidades surgen siempre a su debido tiempo.

Si no obtiene lo que desea, se debe tan sólo a que le espera algo mejor. Si no le venden la casa por la que ha hecho una oferta, no se enfade. Eso significa que no era la casa apropiada para usted.

Un día, salí con la intención de comprar una alfombra oriental. Buscaba una de segunda mano, de modo que me dirigí a un mercado callejero. Al cabo de un rato, encontré una que me gustaba, pero me había olvidado de traer el talonario de cheques. Volví a casa a buscarlo, pero, al llegar de nuevo al mercado, encontré que ya habían vendido la alfombra a otra persona. En lugar de desanimarme, decidí que aquello era un buen signo, ya que sin duda había una alfombra mucho mejor que me estaba esperando. Unos días más tarde, fui a otro mercado y, claro está, encontré una alfombra que me gustaba incluso más que la primera y que me costó la mitad de precio.

NOTA: *No hay ningún motivo para suponer que las cosas van a salir mal.*

Confíe siempre que las cosas van a mejorar, crea en que es una persona afortunada. Con eso no se estará engañando a sí misma, sino ayudándose. Favorecerá su causa e incrementará la posibilidad de lograr lo que quiere.

El remordimiento se parece en todo a la preocupación, con la única diferencia de que funciona hacia atrás, ya que le hace sentirse ansioso por algo que ha sucedido en el pasado. Se siente culpable o avergonzado porque ha cometido algún error, y ese sentimiento le paraliza. Trata de deshacerse de esos pensamientos, pero ellos le retienen, se imponen, haciéndole sentirse muy mal. El daño está hecho y, por mucha culpabilidad que experimente, no lo hará desaparecer. No puede volver la espalda al reloj. Ocurriera lo que ocurriese, ¿por qué no aprovecharlo en un sentido constructivo?

Lo bueno de los errores está en que aprendemos de ellos. Si lo hiciéramos todo bien, en toda circunstancia, no nos moveríamos. Sólo cuando las cosas no salen bien, cuando nos equivocamos, estamos obligados a buscar nuevas vías.

Cuando surjan problemas en su camino, no se resista a ellos. Será más fuerte cuanto más flexible se muestre. Se pueden presentar contratiempos que le arrastren como un mar de fondo. Que sea capaz de superarlos o no depende de cómo cabalgue sobre la ola.

Tratar de nadar *contra corriente* le costará más nervios y más energía de lo que puede permitirse, sin que se le ofrezca una oportunidad de ganar. Asegúrese de montar sobre la cresta de la ola. Así no necesitará ninguna energía y verá adónde se dirige.

Esto significa, cuando se trata de un problema, que se limite a verlo llegar, mirándolo con calma. Los problemas parecen peores cuanto más de cerca se les observa. Cuando se encuentre frente a un problema, examínelo con cuidado y empiece luego a dividirlo en sus componentes, con objeto de decidir cuál será el mejor ángulo de ataque. El proceso de analizar un problema, en lugar de dramatizarlo, disminuye su tamaño y hace más fácil descubrir la solución.

Si su marido pierde su empleo, empiece por encarar el problema inmediatamente. Proceda a un balance de sus recursos, reúna a la familia y vean entre todos cómo ordenar su vida de tal forma que se adapte a la nueva situación. ¿Pueden los demás miembros de la familia contribuir a los ingresos? ¿Esperan tropezar con dificultades para encontrar un puesto similar a aquel del que vivieron hasta el momento? De ser así, ¿hay puestos de trabajo disponibles en otras partes del país?

Tomemos por ejemplo a un constructor de herramientas del norte de Alemania que perdió su trabajo. Pasó un año entero buscando otro, y sus recursos financieros empezaban a agotarse cuando decidió llevarse a su familia a unas vacaciones al sur del país, simplemente para concederse todos un descanso.

Una mañana, sentado ante su caravana, comenzó a hojear el periódico local y descubrió que había varios puestos vacantes para constructores de herramientas cerca del lugar en que estaban acampados. Solicitó entonces una entrevista para el lunes siguiente y obtuvo el trabajo.

Otro ejemplo de solución de un problema es el de un pueblecito de Francia en el que había una pequeña escuela que sólo sería mantenida abierta si conservaba como mínimo doce alumnos. Llegó un día en que el número de niños bajó de ese límite, ya que los mayores habían abandonado la escuela y no había pequeños para sustituirlos, puesto que las parejas jóvenes tendían a trasladarse desde el pueblo a la gran ciudad cercana. Las casas se iban quedando vacías, y la escuela estaba amenazada de cierre a menos que algo sucediera.

En lugar de descorazonarse ante tamaña adversidad, el alcalde puso un anuncio en algunos de los periódicos nacionales de mayor tirada diciendo que se buscaba una familia con un mínimo de seis hijos para que viniese a vivir al pueblo, ofreciéndole alojamiento barato y escolarización local. Recibió tantas respuestas que hubo que echar a suerte para decidir cuál sería la familia afortunada... La escuela permaneció abierta.

«Me es imposible dormir cuando me ronda algún problema por la cabeza»

Cuando uno se preocupa mucho por algo, esto tiende a perturbarle el sueño. O bien le es imposible ir a acostarse aunque se sienta agotado, o bien se adormila ligeramente, sólo para despertarse en medio de la noche, incapaz de volver a conciliar el sueño. Una tercera posibilidad consiste en dormir toda la noche y despertarse muy temprano, faltando aún un par de horas para levantarse.

Las horas de la noche son difíciles cuando se tiene un problema. La oscuridad y el silencio que nos rodea no nos proporciona distracciones, y el hecho de yacer pasivamente en la cama facilita el que los pensamientos giren en torno a un solo tema, ya que no hay nada que venga a interrumpir el proceso, ni el timbre del teléfono o el de la puerta, ni alguien que nos hable, ni tareas que esperan ser despachadas. No hay nada que hacer. Al mismo tiempo, uno desea volver a dormirse porque le preocupa pensar que estará demasiado cansado a la mañana siguiente, con lo cual, en realidad, se carga con dos problemas en lugar de uno solo. Y como si eso no fuera suficiente, sus pensamientos no son tampoco demasiado claros, dado que su mente consciente está conectada sólo a medias, al tiempo que se interfiere constantemente la mente subconsciente, con todos sus sentimientos de temor. Las estrategias para combatir la preocupación durante la noche son distintas a las que he recomendado para las horas de vigilia.

Antes de estudiar los distintos problemas referentes al sueño que suele padecer la gente, veamos algunos puntos generales que habrá de observar si sufre de insomnio.

● No tome té ni café después de las seis de la tarde. Ambas bebidas son estimulantes, y el cuerpo necesita horas para eliminarlas de su sistema.

● Tome muy poco alcohol durante la velada, o mejor no tome. El alcohol es depresivo.

● Dos horas antes del momento en que suele acostarse, empiece a arriar las velas, tanto física como mentalmente. La profusión de sangre y la violencia de la televisión no son las imágenes ideales para apaciguar su mente, de modo que, al menos en las épocas de gran presión, sustituya la televisión por algo más relajante. Salga a dar un paseo o escuche música suave, haga algún trabajo en el jardín, zurza calcetines o lea una revista. Prepare gradualmente su cuerpo y su mente para el sueño.

● Fíjese una rutina para acostarse. Váyase a la cama siempre a la misma hora.

● Deje de tomar pastillas para dormir durante un largo periodo.

● No duerma la siesta. Reserve el sueño para la noche.

● Cuando se encuentre ya en la cama, practique uno de los ejercicios de relajación incluidos en este libro. También puede comprar alguna grabación destinada a la relajación. Escúchela mientras descansa en la cama.

Si no consigue quedarse dormido después de acostarse asegúrese de haber revisado todos los puntos generales anteriores. Si *sigue* sin poder dormir, pruebe la «intención paradójica». Muchos de mis clientes han utilizado esta técnica con gran éxito. La idea que subyace en la intención paradójica es la siguiente:

NOTA: ***Cuanta más fuerza de voluntad ponga en alcanzar su objetivo, menos lo conseguirá.***

Lo que significa que, cuanto más intente relajarse, menos podrá hacerlo. No obstante, significa también que, cuanto más se esfuerce por mantenerse despierto, más trabajo le costará no dormirse.

Para hacer uso de esta ley, tendrá que enfocar su insomnio desde un nuevo punto de vista. En lugar de pensar: «*Tengo* que dormir», piense: «Pase lo que pase, *no debo* dormirme ahora. Estoy decidido a permanecer despierto toda la noche. Haré todos los esfuerzos posibles por mantener los ojos abiertos. Bajo ninguna circunstancia los cerraré, ni siquiera por un segundo. He de permanecer despierto a toda costa». Y esfuércese realmente por permanecer despierto. Verá que, poco a poco, se le hace más difícil conservar los ojos abiertos. Sin embargo, persista. *Quiere* de verdad que sus ojos sigan abiertos. Cuanto más se esfuerce en ese sentido, menos lo logrará. Antes de que se dé cuenta, se habrá quedado dormido.

Si despierta en medio de la noche, no se indigne consigo mismo. Limítese a volverse del otro lado y asegúrese de que adopta una postura cómoda que le permita dormirse de nuevo tan pronto como esté dispuesto.

Imagínese que puede verse en la cama, como si contemplase una película de sí mismo. Figúrese expulsando todo pensamiento de su cabeza (no sé por qué, siempre he imaginado mis pensamientos como brotes de judías) y métalos en un saquito de tela. Ate la bolsa firmemente y véase levantándose, saliendo del dormitorio y yendo a la cocina, donde imaginará que mete la bolsa en uno de los armarios. Después, véase volviendo al dormitorio y acostándose de nuevo, en la misma postura en que se encuentra ahora. A continuación, empiece a repetir mentalmente uno de los resúmenes de las páginas 97-98. Repítasela en varias series. Piense en la frase diez veces seguidas, sin interrupción; luego, inmediatamente después, veinte veces, sin ninguna pausa entre ellas; luego treinta veces.

Intente captar el significado de la frase. Si no le es posible, no se desaliente. El significado llegará de algún modo a su mente subconsciente. Y naturalmente, es muy aburrido repetir algo una y otra vez. Resulta tan tedioso que le sume a uno en el sueño, con el beneficio extra de que bloquea todas las preocupaciones, ya que cubre los pensamientos negativos con pensamientos positivos.

Otro sistema para resolver la cuestión del insomnio consiste en levantarse y hacer algo que sea tranquilizador. Escuche de nuevo la grabación para relajarse. Oiga música, lea el guión. Tómeselo como una de esas cosas que suceden a veces en la vida. No necesita excitarse. Desde luego, estaría más fresco por la mañana si hubiese dormido durante toda la noche, pero enfadarse o inquietarse por no dormir lo suficiente será todavía peor.

Si no puede dormir, por lo menos no se ponga de mal humor.

Cuanto más se resista a la situación, más difícil le resultará dominarla.

Si duerme durante la noche, pero se despierta muy temprano por la mañana, se esforzará sin duda por dormirse de nuevo, aunque en realidad no valga la pena. Tiene que habituar gradualmente a su cuerpo a que duerma más tiempo.

Una vez que el sistema nervioso se desquicia, lleva mucho tiempo tranquilizarlo, aunque el mal trago haya pasado ya y el problema que le preocupaba esté resuelto. El cuerpo suele rezagarse y cuesta mucho trabajo volverlo a la normalidad. Utilice una de las formas resumidas del guión del modo que hemos descrito. Quizá no le haga dormirse, pero sí le calmará.

Cuando haga esto de manera regular, verá que una mañana su cuerpo se «olvida» de despertarse temprano y, cuando ya el hábito se haya interrumpido, regresará con toda facilidad a su pauta de sueño normal y no se enterará de nada hasta que suene el despertador.

GUIÓN

La oscuridad, dulce y relajadora, me envuelve suavemente. Todo a mi alrededor guarda silencio. La naturaleza está en calma, atrayéndome poco a poco a sus brazos acogedores. Formo parte de la naturaleza y estoy en armonía con todo lo que me rodea. Mi mente está tranquila, mi cuerpo se relaja a medida que vuelvo lentamente a la tranquilidad. Todos mi pensamientos diurnos se desvanecen como nubecillas en un cielo de verano, dejando mi mente en paz. Con cada minuto que marca el reloj, mis pensamientos se hacen más vagos. Estoy dejando el mundo a mis espaldas, sumergiéndome en sueños agradables. Mi cuerpo se relaja en un sueño natural y profundo. Con cada respiración, entro en una relajación cada vez más profunda.

RESUMEN

Me desprendo de mis pensamientos diurnos. La solución de mi problema está ya en camino.

O bien:

Encomiendo la solución de mi problema a mi mente subconsciente. Sé que me dará la respuesta mañana por la manaña.

O bien:

Me estoy adentrando en la noche. Soy uno con la naturaleza. Estoy interiormente tranquilo.

«Me preocupan mucho los tests y los exámenes»

Tiene todos los motivos para preocuparse si no se ha preparado bien para el examen. En ese caso, la única solución que puedo ofrecerle es que se siente y estudie. Así abreviará el tiempo de que dispone pará preocuparse e incrementará sus posibilidades de aprobar el examen.

Lleve a cabo su estudio de manera sistemática. Divida lo que tiene que aprender en partes más manejables y dedique un día a cada una de esas partes. Asegúrese de que comprende lo que lee antes de pasar a la parte siguiente. Reserve el tiempo necesario en su horario de estudio para repasar lo ya estudiado, a fin de asegurarse de que memoriza bien todo el material. La repetición frecuente contribuye a que se afiance lo aprendido.

Si tiene que sacar el carnet de conducir, espero que no se presente a menos de que haya aprendido todo lo que se exige en este caso. Habrá ocasiones en que se vea sometido a un test sin que le permitan un trabajo preparatorio, pero, incluso cuando se trata de un test de cociente intelectual y de personalidad, encontrará libros que le darán consejos sobre cómo responder mejor a ese tipo de evaluaciones.

Cualquiera que sea el test o el examen que le espera, recuerde que los resultados no son más que relativos. Depende de sus propias circunstancias en ese día en particular y dependen también de si el examinador no ha tenido otra disputa con su mujer por la mañana o no. Hay ciertas áreas más difíciles de evaluar objetivamente que otras. Un ejercicio sobre un tema literario, por ejemplo, suscitará mayor variedad de puntuación que una prueba de matemáticas.

Una conocida revista alemana pidió a un autor famoso que escribiese un ensayo sobre un tema que había sido propuesto para un examen a estudiantes de dieciocho años. La revista envió después ese ensayo a varios profesores de gramática, los mismos que corregían normalmente los ejercicios de los chicos de dieciocho años. Se dijo a esos profesores que el ensayo había sido escrito por un estudiante. Los resultados fueron asombrosos: el autor obtuvo notas que iban de cero a diez. Algunos de los profesores calificaron su ejercicio con el término de «extraordinario», mientras que otros lo definían como «una verdadera basura».

Cuando se trata se sacar el carnet de conducir, un examinador le aprobará aunque necesite varios intentos para que el coche dé la vuelta a una esquina, y otro le suspenderá por el mismo motivo. Si su actuación global es satisfactoria, saldrá adelante a pesar de ciertas imperfecciones, de modo que lo mejor que puede hacer es prepararse bien, practicar concienzudamente y presentarse al examen con el convencimiento de que, si se desenvolvió bien durante las prácticas, se desenvolverá igualmente bien durante el examen.

Cuando esté a punto de acudir a un examen o de verse sometido a un test, dé los pasos siguientes:

● **Prepárese bien**
Prepárese como lo haría un profesional. Ponga todo su empeño en ello, de modo que pueda decirse a sí mismo que ha hecho realmente todo lo que podía hacer.

● **Descanse de vez en cuando durante el estudio**
Ni agote su memoria tratando de captar demasiado material a la vez. Las pausas deben ser regulares –cada hora o cada dos– y no tienen por qué ser largas. Dé un paseo alrededor de la manzana o váyase un rato a otra habitación. Esto permitirá que lo aprendido se afiance.

● **Coma apropiadamente**
Necesita que su cuerpo funcione bien, así que asegúrese de que le da lo que precisa. Elija platos ligeros y no una comida pesada, y procure no comer porquerías entre horas, siempre que le sea posible. Varias raciones pequeñas son preferibles a un plato abundante, ya que el exceso de comida tiende a fatigar. El torrente sanguíneo se desvía en esos casos del cerebro y se dirige a la

región del estómago para facilitar la digestión, por lo cual se hace difícil conservar la concentración o pensar claramente cuando se ha abusado de la comida.

● **Medio día antes del examen o del test, deje de prepararse**

Aparte los libros a un lado, no vuelva a conducir. Lo que no haya aprendido hasta ahora ya no lo aprenderá.

● **Dedique ese medio día a un ejercicio físico ligero y a relajarse**

Váyase a nadar o al cine. Aleje su pensamiento del examen.

● **Grabe varias veces el siguiente guión**

Hable despacio, con voz clara, y grabe el guión dos o tres veces en la misma cinta. Escuche la grabación durante las pausas, por la noche, antes de acostarse, y durante el medio día anterior al gran acontecimiento. Así tendrá la seguridad de que los mensajes positivos han tenido tiempo suficiente para «afianzarse».

GUIÓN

Me siento seguro porque sé que me he preparado bien para el examen. Todo el tiempo que he dedicado al estudio recibe ahora su recompensa. Todo lo que he aprendido está preparado en mi mente para que lo recuerde fácilmente y sin esfuerzo durante el examen.

Voy a tener un gran éxito. Me veo entrando en la sala de exámenes, perfectamente tranquilo y relajado y con una gran confianza. Me siento ante mi mesa, respirando de modo sosegado, sintiéndome a gusto. Miro a los otros estudiantes. Veo a algunos a los que conozco y les sonrío. Estoy tranquilo y sereno.

Cuando se nos dice que demos la vuelta al papel donde figuran las preguntas, las leo sin apresurarme. Comprendo de inmediato lo que se me pide y empiezo a responderlas una por una, con calma y certeza. Mi mente está enteramente concentrada en lo que hago, mi mano es rápida y mi escritura fácil.

Tengo ahora a mi disposición todo cuanto he estudiado. Se me ocurren las respuestas tan pronto como leo las preguntas, fácilmente y sin esfuerzo. Trabajo con rapidez y de manera sistemática y termino pronto el ejercicio. El vigilante viene ahora para recoger los papeles y me levanto para abandonar la sala, experimentando un gran sentimiento de satisfacción. Sé que lo he hecho bien y me enorgullezco mucho de mi éxito.

Resumen

Mis horas de estudio reciben ahora su recompensa. Recuerdo muy bien lo aprendido y respondo correctamente a las preguntas.

Guión

(Añada esto a su guión, adaptándolo a su caso particular. Si espera que le pidan otra cosa que los adelantamientos y el cambio de marchas, no tiene más que añadirlo de la misma manera.)

Estoy bien preparado. Tengo confianza en mi habilidad para conducir y me presento al examen sabiendo que lo aprobaré. Puedo verme entrando en el coche, en compañía del examinador. Tengo la mente despejada y me siento feliz y relajado. Lo hago todo bien automáticamente. Mis horas de práctica reciben ahora su recompensa.

Confío en mí mismo y soy invencible. Realizo todas las maniobras de manera competente. Me veo haciendo los adelantamientos. (Al llegar aquí, describa con detalle cómo adelanta en cada caso y *véase* haciéndolo.) Luego sigo conduciendo, siempre tranquilo y sereno. El examinador se muestra satisfecho de mi actuación. Ahora me pide que cambie de marcha. Sé cómo hacerlo fácilmente, y lo hago en el acto y bien. (De nuevo describa con detalle el cambio de marcha, empujando la palanca, etc., y *véase* a sí mismo haciéndolo.) **Todo va bien y me parece ridículamente fácil.**

Por último, el examinador me dice que me detenga y comprueba mi conocimiento del Código de Circulación. Respondo a todas sus preguntas con rapidez y corrección. Encuentro fácil recordar lo que he estudiado. El examinador me asegura que lo he hecho muy bien y me siento feliz y orgulloso de haber pasado tan fácilmente el examen práctico.

RESUMEN

Soy un buen conductor. Aprobaré el examen fácilmente y sin esfuerzo.

En este contexto, me gustaría añadir un guión más que resultará útil para aquellos lectores que hayan sacado ya el carnet de conducir, pero no lo han utilizado desde entonces. Muchas veces la gente pierde el valor cuando no ha practicado durante algún tiempo y se resiste a intentarlo por miedo a provocar un accidente, debido a su inexperiencia.

GUIÓN

Soy un conductor prudente. He aprobado el examen y he demostrado que soy capaz de conducir un coche sin peligro. Me propongo empezar de nuevo a conducir.

Me invade una gran tranquilidad al recoger las llaves del coche y salir a la calle. Tengo la respiración en calma y la mente serena. Abro la portezuela del coche y subo. Me encuentro en mi elemento.

Sentado ante el volante, se me viene a la cabeza todo lo que he aprendido respecto a conducir un coche. Lo recuerdo todo claramente y empiezo a sentir confianza.

Pongo el motor en marcha, el coche demarra inmediatamente. Compruebo el retrovisor, enciendo

el intermitente, y me incorporo a la circulación cuando no hay ningún peligro. Empiezo a conducir, manejando el volante de forma competente. Conservo el control en todo momento.

Sé que lo estoy haciendo bien, y mi recién ganada libertad me causa un gran placer. Soy cuidadoso y prudente en toda circunstancia.

Conduzco de manera confiada y cuidadosa. Disfruto conservando el control.

O bien:

Me gusta conducir. Lo encuentro fácil y agradable.

«Cuando algo me preocupa, me agua todas las satisfacciones»

Cuando uno está preocupado por su trabajo, no puede disfrutar de la fiesta a la que asiste. Cuando le preocupan sus finanzas, no disfruta de la alegría de que su hija haya aprobado los exámenes. Nada cuenta cuando uno está preocupado. La preocupación ensombrece todos los acontecimientos placenteros susceptibles de darle una mejor moral.

Cualquier cosa que suceda queda anulada por la preocupación. La felicidad y la alegría se posponen hasta que se resuelva el problema. Tal actitud resulta muy dañina, ya que siempre hay algo capaz de preocuparnos, con el perjuicio consiguiente para nuestra felicidad.

He observado que quienes reaccionan así cuando están preocupados son personas que padecen un sentimiento de culpabilidad y que se censuran a sí mismas por un montón de cosas. En cierto modo, es como si se castigasen a sí mismas no permitiéndose ser felices, y la preocupación constituye en realidad una excusa para penalizarse. Hay diversos motivos para que alguien actúe de este modo. Pero quienes así lo hacen presentan una característica que se destaca de los demás: una carencia profunda de autoestima.

El fenómeno suele tener su origen en la niñez, cuando se rebaja continuamente a un niño, se le humilla o se abusa de él desde el punto de vista físico. Todo esto hace que el pequeño se sienta culpable. Quizá parezca una reacción extraña, pero no olvidemos que no tiene medios para evaluar *por qué* sus padres le tratan así. El niño vive en un mundo que se centra sólo en su propia persona. Por lo tanto, si le pegan, tiene que ser por algo que él ha hecho. Si cree que no ha hecho nada, la causa ha de ser que no merece el cariño de sus padres. Es malo y, por consiguiente, no digno de amor.

Otra causa del sentimiento de culpabilidad reside en que la familia del sujeto juzgaba el divertirse o el disfrutar como algo «malo», incluso pecaminoso, y pensaba que la única manera aceptable de vivir era considerar esta vida como un valle de lágrimas y comportarse con gravedad. La felicidad constituía, pues, una frivolidad, por lo que le hicieron sentirse culpable y, en consecuencia, la reprimió sumisamente. Hay personas a las que les aterroriza literalmente el ser felices, ya que esperan que algo horrible sucederá si no se mantienen todo el tiempo en guardia.

Cualquiera que sea el motivo entre los que hemos expuesto, a algunos les cuesta trabajo permitirse pasarlo bien, de modo que, cuando algún problema se presenta, se sienten subconscientemente aliviados, puesto que esto encaja de nuevo en su imagen mental del mundo.

No es que no sufran a causa de su preocupación constante. Desearían no verse obligados a preocuparse de ese modo, pero hay algo en su interior que les impide cambiar. En esos casos, se hace muchas veces necesario descubrir los motivos subconscientes de su sentimiento de culpabilidad, antes de que pueda producirse ningún cambio en su actitud mental (véanse las pp. 185-195).

Quizá haya reconocido algunos de los ejemplos anteriores como típicos de su niñez. O quizá se vea sometido a un grado muy alto de estrés en este momento y se sienta tan abrumado que no puede disfrutar de la vida. Cualquiera que sea el motivo de que un problema se le imponga, recuerde que, incluso en las épocas malas, suceden cosas buenas. Simplemente, no se fija en ellas porque está demasiado ocupado preocupándose. Por lo tanto, le conviene mucho recordar los puntos siguientes:

- No hay motivo para que las cosas no vayan bien. Se supone que la vida debe ser agradable (no le importe lo que alguien le haya dicho a ese respecto en el pasado).
- *Merece* ser feliz y vivir libre de cuidados. A todos se nos concede este derecho. Procure utilizarlo.
- Centre su atención en las cosas agradables, por muy pequeñas que sean. Cambie de perspectiva, pase de lo *negativo* a lo *positivo*. Cuanto más tiempo se ocupe de un problema, más grande se volverá en su mente. Llene ésta de cosas positivas y no quedará lugar para los pensamientos negativos.
- Observe el modo en que suele hablar. Asegúrese de hacerlo en términos moderados, renunciando a los dramatismos. Hable con calma y de modo razonable de las cosas que le preocupan, pero no exagere. Mantenga bajo el tono de su voz y elija palabras que minimicen el problema. Esto le ayudará a conservar el dominio de sus sentimientos.

GUIÓN

La vida es bella. Mi atención se centra en todas las cosas positivas que tienen lugar en mi vida diaria. Cuanto más consciente me hago de las cosas buenas que hay a mi alrededor, más feliz me siento en mi interior. Enfoco los problemas con calma y de manera eficaz a medida que se presentan. Los problemas no son mis enemigos y estoy seguro de poder resolverlos siempre, competente y fácilmente.

Mis capacidades aumentan diariamente y mi vida se vuelve cada vez más agradable. Dejo el pasado a mis espaldas y comienzo otra vez desde cero. Me despojo de la tristeza y la angustia, y entro otra vez en el mundo como una persona nueva, positiva. Espero con ansia mi nueva vida.

RESUMEN

Veo las cosas por su lado mejor. Mi actitud positiva me infunde fuerza.

O bien:

Supero cualquier problema fácilmente. Mi vida es agradable y positiva.

«Estoy preocupado por mis hijos»

Los padres albergan siempre ciertas ideas sobre la clase de persona en que quieren que se convierta su hijo. En algunas familias, tales ideas se asientan incluso antes de que el niño haya nacido.

Conozco familias a las que causó gran disgusto la llegada de una hija, ya que querían un hijo («¡No es *más* que una chica!»). Del mismo modo, una madre que, en el fondo de sí misma, odia a los hombres será desdichada si tiene un hijo en lugar de una hija. Como es natural, al niño le resulta muy difícil soportar esta actitud y, con frecuencia, trata de adaptarse con todas sus fuerzas para coincidir con la imagen deseada.

Si sus hijos le preocupan, eso significa que, momentáneamente al menos, no responden a sus esperanzas. Quizá vio a su hijo como un futuro científico, y todo lo que él quiere es entrar a formar parte de la compañía local de actores aficionados. Tal vez le gustaría que su hija trabajase en una oficina, y ahora ella le anuncia que piensa dedicarse a la carpintería. Quizá soñaba con un hijo tranquilo y sofisticado y se encuentra con un chicazo, incapaz de recorrer una habitación sin enredarse las piernas y chocar contra algo. En otras palabras, se da un conflicto constante entre lo que usted *espera* y lo que *recibe*.

Cuando trazó todos esos planes para el futuro de su hijo, se proponía que ese futuro fuese feliz y mejor que el suyo. Se toma con frecuencia a los hijos como sustitutivos de lo que faltó a sus padres. Usted no pudo ir a la universidad en su juventud, así que su hijo tiene que ir, lo quiera él o no. Quiere ver cumplido su viejo sueño, y es su hijo quien ha de cumplirlo por usted. ¡Mala suerte si siempre ha deseado entrar en las fuerzas de la policía!

Por lo tanto, cuando planee el futuro de su hijo, compruebe cuidadosamente sus propias motivaciones. ¿Qué sale usted ganando con que su hijo sea médico? ¿Espera que los vecinos le mirarán con más respeto? ¿Piensa que sus amigos le envidiarán?

¿Por qué se opone con tanto empeño a que su hija sea carpintera? ¿Porque los vecinos podrían reírse? ¿Porque sus amigos le compadecerán?

En medio de todos estos pensamientos, no olvide que sus hijos tienen su propia personalidad y, según esta personalidad, tratarán de encontrar su propio camino..., siempre que les conceda la libertad para hacerlo. Si presiona a su hijo para meterlo en un molde que no está de acuerdo con su personalidad, no obtendrá más que discusiones permanentes, escenas, portazos y una atmósfera en general desagradable. Y aunque haya paz y quietud en el exterior, acabará por descubrir que su hijo le dice que sí y luego hace todo lo contrario a sus espaldas.

Sus intenciones pueden ser buenas, pero no librará a sus hijos de recibir heridas a medida que crezcan. Han de aprender a través de su propia experiencia. Le está permitido aconsejarles y apoyarles, pero no debe intentar vivir su vida por ellos.

En muchos sentidos, los hijos siguen siendo los extraños que fueron para usted al nacer. Aunque se le parezcan en muchos aspectos de su carácter, en su apariencia, etc., se diferencian también en muchas otras cosas y, en consecuencia, no son predecibles.

En vez de preocuparse por sus hijos, ayúdeles a desarrollar lo mejor que hay en ellos, a descubrir y fomentar todos sus talentos y capacidades, cualesquiera que sean.

El arte de ser padre es una labor general, no específica. Puede enseñarles paciencia, a fin de que sepan aceptar las situaciones difíciles con que tropezarán más tarde. Puede dedicarles su tiempo, para que comprendan que hay alguien que se preocupa de ellos y así, más tarde, sean capaces de preocuparse por otros. Puede darles amor, porque el amor es la verdadera base para una vida futura feliz. Puede demostrarles respeto, ya que ésta es la única manera de enseñarles a respetarse a sí mismos y a los demás. Trate a su hijo como le gustaría que su hijo le tratase a usted.

Lo que acaba de decir no significa que haya de ceder ante todas las exigencias de su hijo o que esté obligado a evitar discusiones a toda costa. Pero compórtese honradamente con él y tenga en cuenta que los niños se asustan muy pronto, porque son recién llegados a la vida y al mundo. Escúcheles y permítales tener su propia opinión. En la medida de lo posible, busque un compromiso en que se incluyan los deseos de su hijo y los suyos propios. Si quiere de verdad la felicidad de su hijo, tómese esto en serio y mantenga abierta durante todo el tiempo la comunicación, suceda lo que suceda. Sólo podrá ayudarle y apoyarle si se muestra abierto y dispuesto a escucharle, aunque sus opiniones difieran.

Sean cuales sean los valores o los tipos de conducta que desea ver en su hijo, tendrá que demostrárselos con el ejemplo. No espere que su hijo sea paciente si usted se encoleriza a la menor oportunidad. No espere que su hijo le quiera si no le demuestra amor. No espere que su hijo sea valiente si usted se porta con cobardía. Los niños imitan lo que ven, son reflejo de lo que sucede en su ambiente inmediato y, durante mucho tiempo, los padres serán las personas más próximas en la vida de sus hijos. Si es usted feliz, ayudará a sus hijos a convertirse en personas satisfechas de la vida, tanto si llegan a ser profesores, como si se quedan en barrenderos.

Si desea conquistar el amor de sus hijos, y no sólo su gratitud, deje de preocuparse y empiece a ayudarles, haciendo surgir lo mejor que hay en ellos. Reconozca que son individuos con su personalidad particular y respételos como personas por derecho propio. No pierda más tiempo preocupándose por ellos. Hábleles y señáleles sus errores. Escuche lo que tienen que decir sin juzgar y traten de encontrar juntos la solución. Preocuparse de los hijos denota que se ha producido una ruptura en la comunicación. Usted es el adulto y le toca remediarlo.

«Si me hubiera casado con otra mujer, sería más feliz»
(Esta frase se presenta también bajo la forma siguiente: «Mi mujer no me comprende».)

Las frases que empiezan con la conjunción si suelen proceder de personas que achacan sus problemas a cualquier otro. Como no están preparadas para asumir la responsabilidad de su *propia* desgracia, buscan a quien culpar. Cuando las cosas le van mal a alguien así y le ve sonreír, probablemente se debe a que acaba de pensar en alguien a quien echar la culpa.

A decir verdad, si se hubiera casado con otra mujer, probablemente *seguiría* ahí sentado, diciéndole a un amigo que ha cometido el error de su vida. ¿Dónde está *en realidad* el problema? ¿Han dejado de hablarse mutuamente? ¿Ya no hacen cosas juntos? ¿Su actividad sexual se ha vuelto tediosa? ¿Le parece que no encuentra el apoyo debido en su mujer en lo que se refiere a sus planes profesionales? Todo eso marchaba muy bien en los primeros tiempos de casados. Primero compraron su casa, luego nacieron los niños, al cabo de algún tiempo encontró un puesto de trabajo mejor y ahora, de repente, se da cuenta de que las cosas se han estancado. Todo parece predecible, se ha impuesto la rutina.

Una de las características de la vida en común consiste en que se hace uno menos activo. De soltero, tenía que demostrar iniciativa para buscarse entretenimiento, se veía obligado a salir y buscarse amigos, si no quería convertirse en un solitario. Luego, cuando encontró a su mujer y empezó a vivir con ella, dejó de necesitar todas esas actividades. Tenía una compañera, estaba enamorado y todavía continuaban tratando de conocerse el uno al otro, así que había la excitación suficiente en casa. Más tarde, tuvieron que luchar con problemas financieros, criar a los hijos, avanzar en su carrera o en sus carreras y, cuando quiso darse cuenta, ya tenía cuarenta y cinco años. Se había domesticado y asentado en su vida de pareja. Gozaba ahora de confort, pero la excitación había desaparecido. Los deberes estaban cumplidos y, al desaparecer, dejaron en usted un gran vacío.

No es sólo que su mujer se haya vuelto aburrida, sino que usted mismo ha perdido brillo. Recuerde que lo que ve en los demás suele ser un reflejo de sí mismo. Si convierte la actividad sexual en una rutina, ¿por qué se sorprende de no despertar una reacción entusiasta? Si se niega a hablar a su mujer de las cosas que le interesan, la comunicación entre ambos acabará por interrumpirse. Si no se esfuerza por descubrir nuevas cosas que hacer con ella, su vida se llenará de monotonía.

No viene al caso arrepentirse de haberse casado con su mujer. En aquella época, todo estaba bien. Usted la necesitaba y ella le necesitaba a usted, por el motivo que fuese, de modo que se unieron. Una relación se transforma con los años, y hay veces en que se siente nostalgia pensando en la época de la luna de miel. Y así se buscan las aventuras.

Las aventuras no son siempre perjudiciales, con tal de que no duren mucho tiempo y se lleven con discreción. En algunos ca-

109

sos, pueden incluso *salvar* el matrimonio, ya que dan la ocasión de apreciar las cualidades de su pareja. Sin embargo, sólo ocurre así en contados casos y, en general, yo no recomendaría la solución de una aventura. Es doloroso para el compañero y, si se descubre, la confianza que inspiraba desaparecerá por un tiempo prolongado, si no para siempre. Por otra parte, las oportunidades de entablar una relación venturosa con alguien mientras aún se está casado son mínimas. Incluso después de haberse divorciado, habrá una gran tirantez en una relación inmediata, por la simple razón de que el sujeto no ha terminado aún de digerir el divorcio. Interróguese, procure mejorar, aprenda a vivir por su cuenta y, haga lo que haga, no vuelva a casarse enseguida.

Cuando uno se lamenta de la relación en que está comprometido (ya date de tiempo atrás o sea reciente), se le ofrecen dos opciones: o esforzarse porque funcione de nuevo o renunciar a ella por completo. Quedarse sentado, deseando haberse decidido en otro sentido veinte años atrás, no resuelve el problema.

Planee en su cabeza lo que quiere e inténtelo al cien por cien. Empiece a interrogarse de nuevo. Tómese interés por cosas nuevas, procúrese nuevos entretenimientos, y se sentirá vivir de nuevo.

Si desea volver a empezar de nuevo con su mujer, hable con ella. Dígale que siente haberse dejado arrastrar por la rutina y que quiere cambiar las cosas. Interésese por lo que *ella* hace, lo cual significa que deje el periódico a un lado mientras le habla. Infórmela sobre sí mismo y sobre su trabajo.

En cambio, si espera a que su mujer salga con otro hombre, dándole así un motivo para romper con ella, la verdad es que no quiere usted continuar la relación. Pero aun en ese caso, tendrá que terminar hablando con su mujer. Por lo tanto, no se limite a lamentar el hecho de estar atrapado en un matrimonio que no desea prolongar. Hago algo. No habrá paz en su mente hasta ese momento, ni gozará de un momento de tranquilidad hasta haberse marchado o iniciado los trámites del divorcio.

Romper es una de las cosas más difíciles que existen cuando se ha querido alguna vez a una persona, pero, si piensa que se trata de la única solución en las circunstancias presentes, dé el paso lo antes posible. No hay por qué prolongar la agonía.

«El error que he cometido me hace sentir fatal»

Cometer errores no es nada vergonzoso. Nos sucede a todos de vez en cuando. Los errores son necesarios para asegurarnos de que no nos estancamos. Nos ayudan a progresar, a adquirir nuevas capacidades y a ensanchar nuestros conocimientos.

Los errores constituyen un ingrediente vital del proceso de la vida. El que los cometa significa que se conserva activo, que está vivo. Acepte sus errores como parte del proceso continuo de aprendizaje que precisa para convertirse en la persona mejor que le es posible ser.

Utilice sus errores en provecho propio. Si ha cometido un error, examínelo cuidadosamente y analícelo para ver en qué se equivocó. ¿Por qué se produjo el error? ¿Actuó sin pararse a pensarlo? ¿Estaba muy excitado y, por lo tanto, falló lo que perseguía? ¿Se sentía muy nervioso en ese momento y fue eso lo que le hizo meter la pata?

Una vez descubierto el motivo subyacente, le será mucho más fácil evitar equivocarse en el futuro, cuando se presente una situación semejante. Le conviene sobremanera observar con cuidado su equivocación. Cuando haya analizado toda la cuestión, archívela en su mente en el apartado titulado «Experiencia». Los errores están destinados a ayudarle, no a castigarle.

No todos los errores son irreversibles. Si se compra un par de zapatos y, al llegar a casa, se da cuenta de que no van con el color de su vestido, puede regresar a la zapatería y cambiarlos. Así habrá aprendido que la próxima vez se evitará jaleos si lleva usted el vestido con el que quiere que hagan juego los zapatos.

Si se puso alguna vez en evidencia, quizá la culpa no fue enteramente suya. Tal vez se le ocurrió preguntarle a una amiga de una amiga por su marido, sólo para enterarse de que se habían separado unas semanas antes. O tal vez acusó a su hijo de algo y supo más tarde que no lo había hecho. En esos casos, muéstrese magnánimo. Discúlpese.

La mayoría de nuestros errores no son tran graves como pensamos. Se nos olvida dar a alguien un recado de un amigo y sabemos luego que ambos se encontraron por casualidad y que el mensaje fue entregado personalmente. Olvidamos telefonear a una persona para tratar de un negocio y descubrimos después que todo se había venido abajo antes. Con frecuencia, nos sentimos embarazados por cosas que carecen de importancia a los ojos de los demás. Si tiene un accidente, ¿qué más da que los camilleros se den cuenta de que las bragas que lleva no hacen juego con el sujetador? Verdaderamente, ¿merece la pena preocuparse? Desde luego que no.

No hay manera de evitar cometer algún error de vez en cuando. Si intenta ser perfecto, se cargará con un peso que le quebrantará. Sea amable consigo mismo, perdónese. La autoacusación repetida conduce a la depresión, cosa nada práctica, ya que impide intentarlo de nuevo y hacerlo mejor la próxima vez. Si quiere hacerse un favor a sí mismo, procure relajarse.

Si, en su niñez, le humillaron cada vez que cometía un error, deje de perpetuar esa discutible tradición. Que haya ocurrido en el pasado no significa que haya de suceder también en el futuro. Ahora puede elegir entre seguir las antiguas rodadas o cambiar las reglas. ¿Por qué encuentra tan difícil perdonarse a sí mismo? ¿Suponía un pecado cardinal el equivocarse cuando era usted pequeño? ¿Le censuraban por no esforzarse lo suficiente cuando hacía algo mal? ¿O le acusaban de hacer algo a propósito cuando sólo había cometido una torpeza? Si tal fue la actitud que reinaba en su hogar, quizá se vea ahora cargado con una conciencia superactiva, que le hace sentirse automáticamente culpable cuando se equivoca. Será un trabajo ímprobo reducir esa conciencia a sus proporciones normales, pero puede hacerlo. Todo lo que se precisa es una gran persistencia. Cada vez que se sorprenda dándole vueltas a un error, piense en la situación como si se tratase de hacer un informe.

Supongamos que trabaja usted como secretaria y ha olvidado cancelar una cita. De pronto, las tres personas citadas entran en su despacho e insisten en ver a su jefe, que sale en ese momento para dirigirse a una reunión. El jefe tiene que explicar la situación. Los visitantes se molestan un poco, pero acaban por ceder, y lo menos que puede decirse es que su jefe no está encantado de su actuación. Usted se disculpa.

Una semana más tarde, el episodio continúa presente en su memoria. De vez en cuando, siente la misma desagradabilísima sensación en la boca del estómago. El rubor sube aún a sus mejillas al imaginar la escena de nuevo: los tres visitantes en su despacho, su jefe dando explicaciones y usted sin saber por dónde salir.

112

Es prácticamente imposible evitar que esos pensamientos y esas sensaciones reaparezcan. No los reprima. Déjelos que ocupen su mente. Escriba una nota en la que diga algo por este estilo:

El lunes pasado olvidé anular una cita. Ahora tomo todas las precauciones para evitar cometer de nuevo el mismo error. Anoto las cosas que tengo que hacer durante el día y compruebo esas notas con regularidad. Cada día lo hago mejor.

Siempre que se sorprenda sintiendo culpabilidad o vergüenza a causa del incidente en cuestión, repase la nota. Ocúpese de la *solución,* no del *error.* Si se enfrenta a sus errores pasados de la misma manera, observará que los sentimientos de culpabilidad y remordimiento, tan desagradables, se borran rápidamente y que puede emplear esa energía en cosas más positivas.

«Me siento culpable por haber sido injusto»

Puede muy bien suceder que se muestre usted injusto con alguien sólo porque en ese momento está sometido a una gran tensión o de mal humor, y esa persona soporta las consecuencias. Durante una disputa, puede ocurrir también que se sienta tan herido por algo que diga su interlocutor que responda con un latigazo verbal, atacando intencionadamente sus puntos débiles.

Esos estallidos pueden poner en peligro la relación entre ambos. Por lo tanto, es esencial que se disculpe por lo que ha dicho. No hay necesidad de humillarse ni de arrastrarse por los suelos, pero debe hablar de ello, aunque sólo sea para explicar por qué explotó tan de repente.

No espere ser perdonado inmediatamente sólo por haberse disculpado. La herida tardará algún tiempo en curar y se requerirá algún tiempo más para que su relación vuelva a lo normal. Con cuanta más frecuencia se produzcan los estallidos, más tardará su pareja en superarlos. Si acostumbra a tener cambios de humor y a soltar frases hirientes, negativas, dirigidas a todos cuantos le rodean, estará amenazando las relaciones que sostiene con ellos, sobre todo si se muestra además insultante.

No hay nada malo en sostener una discusión, con tal de no humillar, ridiculizar o acusar. El medio más sencillo para evitarlo consiste en emplear frases en primera persona, no en segunda. Diga: «*Me puse* verdaderamente furioso cuando me tuviste esperando esta mañana durante una hora», en lugar de decir «No se puede uno fiar *de ti*». Diga: «*Me cuesta* mucho trabajo soportar su temperamento», y no: «No hay manera de hablar *contigo* sin discutir. Todo el mundo te odia». Al expresarse de esta última manera, da pábulo a lo que sucede en su interior cuando su interlocutor se comporta de determinada manera. Por ejemplo, al dirigirse al departamento de ventas de sus proveedores, diga: «No estoy enteramente satisfecho de la mercancía que me han enviado», y no: «Lo que venden ustedes es una porquería».

Exponga sus críticas o sus quejas en términos aceptables. Si acorrala a su interlocutor con su modo de expresarse, los resultados serán insatisfactorios. Los insultos y la agresividad fomentan el resentimiento y el deseo de desquite. Si quiere respeto y comprensión, tiene que empezar por *demostrarlos*.

Todo esto no significa que haya venido a este mundo para hacer lo que los demás quieran que haga. Tiene derecho a su propia personalidad. Lo que yo digo es que, si tiene dificultades en su trato con los demás, tome su sentimiento de culpabilidad como una señal de que necesita examinar su actitud. Así la culpabilidad habrá cumplido su propósito y podrá ser eliminada tan pronto como haya hecho usted examen de conciencia. El sentimiento de culpabilidad es el primer paso de su desarrollo personal, nada más. No tiene por qué convertirse en su compañero constante. A fin de cuentas, se le juzgará por lo que haya *conseguido,* no por lo culpable que se sienta a causa de sus fracasos.

Es cosa suya decidir cómo ha de encarar su sentimiento de culpabilidad, si permitirá que le arrastre hasta el fondo o lo aprovechará para encontrar nuevas vías. La culpabilidad y el remordimiento son cargas inútiles. Hay demasiada gente que los soporta en la creencia de que sufrir es la suerte que les ha deparado la vida. Con ello sólo demuestran que creen más en la desdicha que en la felicidad, en lo malo que en lo bueno.

NOTA: *No hay ningún motivo para suponer que las cosas van a salir mal.*

Si ha cometido una injusticia contra alguien, sea lo bastante honrado para admitirlo ante él. Trate de rectificar la situación en la medida de lo posible. Si no puede compensar a esa persona en particular, siempre puede ayudar a alguien en su lugar. No se trata de penitencia, sino de un autoperfeccionamiento activo. No hay necesidad de despreciarse, avergonzarse o deprimirse. Aprenda de sus errores pasados y dé la vuelta a la página.

No se desanime si no tiene éxito instantáneo. Fueron precisos muchos años para llegar adonde se encuentra hoy. Cualquier cambio que desee exigirá tiempo. Siempre que quiera cambiar, podrá ver desarrollarse los cambios hasta llegar a un final feliz. Incluso se considerará mejor por haber alcanzado su propósito. Se lo merece, así que haga el esfuerzo.

«Si mis padres me hubieran permitido seguir estudiando, ahora ganaría más dinero»

Y entonces sería más feliz que ahora, ¿verdad?

Lo que está diciendo es que su felicidad depende de una cierta cantidad de dinero y que esta cantidad le resulta inalcanzable porque no obtuvo cuando era joven el grado escolar debido. Por lo tanto, su infelicidad presente se debe a un error cometido en otros tiempos por sus padres.

En esas circunstancias, no puede ser feliz. Impone a la vida ciertas condiciones y, a menos que se cumplan, no quiere saber nada. Se sienta en su rincón y se enfurruña. Pero la vida no funciona así, sino todo lo contrario. Las personas felices ganan más dinero. La felicidad y el pensamiento positivo han de venir primero, y la salud, la riqueza y las buenas relaciones con los demás les seguirán.

Cuando uno se siente feliz, se siente relajado. Y se siente también inspirado, porque dispone de todo el tiempo preciso para escuchar su voz interior. Todas sus buenas cualidades pueden surgir a la superficie y ayudarle a alcanzar sus metas. Intente confiadamente lo que quiera, ya sea una ampliación de sus estudios o más dinero. Nunca es demasiado tarde. La edad carece de importancia. Si se le ha infundido un deseo, se le han dado también los medios para cumplirlo.

Todos tenemos alguna vez preocupaciones financieras, y nada más legítimo que desear la riqueza. Personalmente, yo no le veo ninguna virtud a ser pobre. Cuando uno es pobre, no tiene nada que dar. Las únicas personas que desdeñan el dinero son las que no tienen ninguno, y no lo tienen con todo motivo. Sólo se atrae lo que se desea. Si desaprueba usted el dinero, su actitud le hará perder oportunidades de ganar dinero. Si piensa «como pobre», será pobre. En un cierto grado, su situación financiera depende de lo que piensa, lo mismo que sus relaciones, su salud y sus éxitos personales y profesionales.

Si tiene dinero, puede dar un ejemplo positivo. Más aún, puede utilizar ese dinero para ayudar a otros. A mí me parece esto mucho más útil que proclamar su solidaridad con el pobre.

No hay razón para que las cosas vayan mal en la vida, y eso se aplica también a sus finanzas. Si quiere disfrutar de la vida, ha de gozar de una seguridad monetaria. El buen trabajo debe ser recompensado con una buena paga. Por lo tanto, si no obtiene el dinero que quiere en el puesto que ocupa y si realmente piensa que se debe a una falta de cualificaciones por su parte, tendrá que hacer algo para remediarlo. Al fin y al cabo, le será mucho más fácil ampliar sus estudios ahora que cuando era joven, puesto que *ahora* está motivado, *ahora* tiene la madurez necesaria para comprender mejor. Si desea cualificaciones adicionales, las logrará. La única persona capaz de impedir que obtenga ese diploma o ese título es, como siempre, usted mismo.

Por lo demás, ganar dinero no está vinculado forzosamente a unas cualificaciones relevantes. El mundo está lleno de gente muy cualificada que no lleva bien a cabo su trabajo. Para hacer bien su trabajo, tiene que empezar por gustarnos. Si a una madre no le gusta ser madre, no hará felices a sus hijos. Si a un contable no le gustan los números, nunca llegará a la cumbre de su profesión. Para triunfar, hay que estar en armonía con lo que se hace, ser capaz de embeberse por completo en su tarea. Las personas satisfechas de su trabajo son más dueñas de su vida y menos propensas a padecer problemas derivados del estrés.

También es importante conocerse bien a sí mismo cuando se quiere hacer dinero. Hay que ser consciente de cuáles son sus puntos fuertes, a fin de introducirse en un campo que permita hacer pleno uso de ellos. Un buen vendedor es capaz de colocar cualquier cosa, desde ventanas dobles a tarjetas de Navidad. La persona a quien le encanta el peligro dará muy buen resultado como conductor de carreras, acróbata o incluso recaudador de impuestos.

La profesión que se elige revela muchas cosas acerca de la persona. Observe el trabajo que está realizando ahora. Si lo ha elegido por sí mismo, reflejará lo que usted considera como sus puntos fuertes. Si ocupa un puesto por debajo de sus capacidades, pone de manifiesto su falta de confianza en sí mismo. No quiso solicitar un puesto mejor porque no estaba seguro de poder desempeñarlo. En toda oficina hay siempre empleados que miran a su jefe y piensan: «Si estuviese en su lugar...», pero nunca pretenderán ocuparlo si se presenta la ocasión. Se debe en parte a la duda sobre las propias cualidades, en parte al miedo de quedar decepcionado. «¿Y si solicito ese puesto y no me lo dan? ¿No me sentiré humillado al no conseguirlo?» O bien: «¿No me encontrarán ridículo en el departamento de personal por pretender esa vacante?». ¿Y qué? Claro que quedará decepcionado si no consigue el puesto, pero por lo menos lo habrá intentado. Si cree que puede hacer más de lo que le exige su posición actual, *se debe* a sí mismo el esfuerzo de ascender en la escala. Al presentarse a un puesto mejor, demuestra tener confianza en sus propias condiciones. Así habrá ganado un punto importante, y los demás lo advertirán. Le toca a usted hacer su propia publicidad. La modestia retrasará su carrera. Asegúrese de que su jefe conoce sus buenos resultados, asegúrese de que sabe que se propone llegar más arriba y que esto supone que aspira a un ascenso. Y si no consigue ese trabajo en el otro departamento, piense que ellos se lo pierden, no usted. Se pierden un compañero capaz y concienzudo y un buen jefe. Pronto surgirá otra oportunidad, si no en su empresa, en otra distinta. Todo lo que tiene que hacer es insistir. No puede fallar.

Una vez que se haya hecho a la idea de conquistar un puesto mejor, estará a medio camino de lograrlo. Sólo es cuestión de tiempo, hasta que se produzca la vacante adecuada.

GUIÓN

Estoy ascendiendo hacia la cima. Tengo confianza y despacho con facilidad mi trabajo. Me siento dispuesto a avanzar y a abarcar nuevas áreas. Nada puede detenerme. Me veo a mí mismo desde un ángulo positivo.

Soy consciente de mi deseo de progresar y permanezco siempre muy pendiente de las oportunidades nuevas, que se presentan por sí mismas.

Confío en mí y en mis capacidades. Para mí, una posición más elevada no representa otra cosa que un agradable desafío. Aspiro confiadamente a llegar a la cumbre. El simple hecho de pensar en un trabajo mejor ha puesto ya en movimiento la rueda de la fortuna. El trabajo que me merezco me está esperando.

RESUMEN

Estoy ascendiendo hacia la cumbre. El puesto que me corresponde se encuentra ya en plena tramitación.

La soledad

● Me resulta difícil entablar nuevas amistades.

● Me resulta difícil hablar de mis sentimientos.

● Nunca parece haber alguien disponible cuando yo lo necesito.

● Cuando alguien me dice «hola», me quedo desconcertado y no sé qué contestar.

● He perdido el contacto con mis antiguos amigos.

● Me siento desgraciado cuando estoy a solas.

● Tengo la impresión de que no gusto a nadie.

● Mi pareja me ha abandonado hace poco.

● Soy una persona abierta, pero aun así me siento solitario.

¿*Por qué* está usted solitario? La soledad es un sufrimiento autoinfligido. Está solitario porque *ha elegido* estar solitario. Aun en el caso de que viviese en una aldea de dos habitantes y un perro, siempre tendría dos personas con las que hablar. Si vive en una gran ciudad, hay mucha más gente con la que establecer contacto: las personas que viven en el piso de arriba, las de la puerta de al lado, las de la acera de enfrente, todas aquellas otras que están deseando encontrar a alguien con quien charlar. Hay miles de personas fuera esperando a que usted se ponga en contacto con ellas, gente que aprecia la conversación. Una vez más, todo depende de usted.

Tiene que salir y mostrar la cara, tiene que estar *disponible* para la conversación, la amistad o el amor. Debe acoger a la gente en su vida. Si se aparta del mundo y se encierra en su casa, con la televisión y una bolsa de patatas fritas de tamaño familiar, ¿qué hay de sorprendente en que se sienta solitario? Los demás habrán olvidado su existencia.

Quizá la gente evita su contacto porque su compañía se ha vuelto demasiado aburrida. Si todos sus intereses en la vida se limitan al próximo capítulo de la última telenovela, su valor como interlocutor en una conversación se aproxima rápidamente a cero. No tiene nada que decir porque no hay nada en la vida que le concierna. Recuerde:

NOTA: *Una persona que se interesa suscita el interés.*

Una persona que se pasa la vida frente al televisor es tan insulsa como lo sea el programa que ve. Y no me diga que ha intentado cambiar, cuando todo lo que ha hecho ha sido acercarse a la puerta de la calle, para retroceder ante el simple pensamiento de que a lo mejor el cartero le miraría con extrañeza. Yo no calificaría eso de intento serio.

Examinemos las afirmaciones anteriores una por una.

«Me resulta difícil entablar nuevas amistades»

Estudiemos esta afirmación. ¿Por qué le resulta difícil entablar nuevas amistades, porque es tímido o porque no tiene oportunidad de conocer a gente nueva? Dependiendo de cuál de estas dos respuestas se le aplica, tendrá que trabajar sobre la confianza en sí mismo o sobre su calendario social.

Si es usted tímido, ¿hubo un tiempo en que se sentía más seguro? ¿Qué sucedió en su vida para hacerle perder la confianza? Siéntese y medite sobre la cuestión. ¿Recuerda cómo era cuando se mostraba más abierto, más seguro? Si alguna vez *ha confiado* en sí mismo (aunque fuera muchos años atrás), esa confianza permanece aún en su interior y puede hacerla revivir. Intente lo siguiente:

- Relájese.
- Vuelva mentalmente a la época en que confiaba en sí mismo. Recuerde las cosas que era capaz de hacer entonces, recuerde en su imaginación sus éxitos pasados. Esos éxitos no han de referirse forzosamente a una relación. Pueden haber tenido lugar en otros campos, con tal de que haya actuado de manera confiada, logrando lo que quería lograr.

Ocupe su mente con imágenes de sus éxitos pasados, pero no lo haga con nostalgia. Utilice sus éxitos pasados como estimulantes, aprovéchelos para demostrarse que, en el fondo de su corazón, *es* usted una persona triunfadora y, por consiguiente, segura de sí misma.

NOTA: *Lo que haya hecho una vez puede hacerlo de nuevo.*

Imagínese confiante y *tendrá* confianza. Otras personas se darán cuenta de ello y reaccionarán frente a usted de modo más positivo. Como es bien sabido, a todos nos gustan los ganadores y, si *piensa* como una persona segura de sí misma, *actuará* como tal y la gente le *tratará* como tal, de forma que su pensamiento acabará por convertir en realidad, aquí y ahora, su confianza recordada.

¿Y si *nunca* ha tenido confianza en sí mismo? Si está completamente seguro de que nunca en su vida ha conseguido nada positivo, nada capaz de infundirle un sentimiento de confianza, hay que confesar que ha tenido unos comienzos difíciles en la vida. Quizá sus padres eran impacientes y respondían por usted cada vez que alguien le formulaba una pregunta. En ese caso, deje su pasado atrás, ya que ése es el lugar que le corresponde. Supondría una pérdida de tiempo detenerse en él. *Puede* cambiar su vida, *puede* abandonar sus antiguas pautas de comportamiento. Todo lo que necesita es decidir que va a partir de nuevo. Así habra ganado ya media batalla.

Si no ha tenido un solo éxito en su vida, habrá de inventarse uno. Tome una situación en la que crea que hubiera actuado mejor de tener más confianza en sí mismo y revívala de manera positiva. Intente lo siguiente:

● Relájese.

● Cierre los ojos y ruede de nuevo la antigua película, pero esta vez interpretando el papel del héroe. Píntese a sí mismo como el feliz y seguro ganador, la persona que mantiene el control cuando todo se desintegra en el caos a su alrededor, la persona capaz de enfrentarse con todo lo que suceda, la persona a quien gustan sus semejantes y que gusta a sus semejantes.

Para ayudarse, observe a la gente que encuentra fácil hacer las cosas que a usted le causan problemas. Fíjese en cómo actúan *ellos,* en cómo hablan, en cómo se mueven. Piense en todo eso y adáptelo para que le resulte aceptable y luego imagínese manejando con facilidad la situación dificultosa. Véase como un compañero de trabajo popular, como una persona interesante, como un buen amigo.

No hay nada malo en tener éxito o confianza en sí mismo. No significa ser arrogante, dominador o agresivo. Tener confianza en sí mismo significa saber lo que se quiere en la vida y gustarse a sí mismo lo bastante para realizar un esfuerzo por obtenerlo. Tener confianza en sí mismo significa procurar lograr lo que se quiere de un modo que sea positivo para sí mismo y los demás.

Lleve siempre su guión consigo, léalo con regularidad, hasta que se lo haya aprendido de memoria. Empiece por tareas fáciles. Mire a la gente. Mírela a la cara y sonríale (sólo si esa gente le gusta, claro está). Se sorprenderá al ver cuántas sonrisas le devuelven. Pero si alguien no le devuelve su sonrisa, no se preocupe. Sencillamente, acaba de cruzarse con alguien tan tímido como usted acostumbraba a serlo.

Si tiene un calendario social escaso o no existente, ¿se debe a que está demasiado ocupado trabajando para que le quede tiempo que dedicar a acontecimientos sociales? Si ha estado descuidando su vida privada en favor del trabajo, fíjese una cita consigo mismo para la semana que viene. Dígale a su secretaria que anote en el dietario que el próximo viernes, a las seis de la tarde, tiene que celebrar una entrevista importante con MM (mí mismo) y asegúrese de acudir a ella. Si es *usted* la secretaria y su vida privada está siendo perjudicada por un exceso de trabajo, haga lo mismo. Anuncie claramente que necesita un permiso porque tiene una entrevista crucial con una persona muy importante (usted misma, naturalmente).

Acostúmbrese, y acostumbre a su jefe, al hecho de que tiene una vida privada. Regrese a casa a una hora razonable, se lo merece. Necesita equilibrar el trabajo con el placer y hay otras cosas en la vida que el horario de trabajo. También resulta beneficioso a largo plazo para desarrollar su vida privada. Se ha demostrado que las personas que se interesan por el mundo exterior aceptan mucho mejor la jubilación que aquellas que han dedicado toda su vida al trabajo.

Llame a sus antiguos amigos, a los vecinos que le sean simpáticos o a los parientes a los que más aprecie e invítelos a su casa. Reanudar las viejas amistades aporta invariablemente nuevos conocimientos, algunos de los cuales se convertirán tal vez en amigos.

Y si es usted un ama de casa con niños pequeños, procure salir de vez en cuando. Pida a un amigo o a un canguro que se ocupe de los niños y váyase. Haga lo que siempre ha querido hacer. Hágalo mientras todavía tiene energía suficiente. Una vez que haya caído presa del «síndrome del ama de casa», le será cada vez más difícil librarse de su estado letárgico e iniciar actividades.

Al abandonar la casa, descansará de sus hijos, y sus hijos descansarán de usted. Es absolutamente normal que se harte de sus pequeños encantos, lo cual no significa que sea una mala madre, sino, simplemente, que necesita una pausa. Asegúrese de tenerla.

Cuanto más feliz sea, más feliz hará a sus hijos (y a su marido). Y no se ofenda demasiado cuando vea que a sus hijos les encanta la perspectiva de su ausencia. Eso indica solamente que el canguro les permite ver la tele *antes* de obligarles a hacer los deberes.

GUIÓN

Tomo en mis manos mi vida y mi felicidad. Sé que puedo dejar el pasado a mis espaldas y he decidido volver a partir de cero.

Ahora estoy abierto al mundo exterior. Lentamente, poco a poco, permitiré que los demás se me vayan acercando y saldré a encontrarme con ellos a

medio camino. Me gustan mis semejantes y yo gusto a mis semejantes.

Soy una persona valiosa y me enorgullezco de mí mismo y de mis obras. Desde este momento, asumo la plena responsabilidad de mi dicha. Nada podrá detenerme. Cualquier cosa que dé me será devuelta en abundancia. Daré, pues, amistad y amor.

RESUMEN

Me gusto a mí mismo y gusto a los demás. Me resulta fácil entablar nuevas amistades.

O bien:

Soy una persona feliz. A los demás les gusta estar conmigo. Tengo muchas cosas que dar.

«Me resulta difícil hablar de mis sentimientos»

Puede usted ser un buen amigo y un buen compañero, puede ser muy capaz de escuchar a los demás cuando le abren su corazón, pero, si quiere que sus relaciones progresen más allá de un nivel superficial, no le bastará con ser un buen oyente.

Hablar de sus sentimientos equivale a revelar un poco de su ser interior, íntimo. Durante el primer estadio de una amistad, la gente suele mostrarse precavida y procura no hablar demasiado de sí misma. Manifestará sentimientos de escasa importancia, a fin de «tantear el terreno». Si el otro revela también algunos de los suyos, ambos estarán preparados para pasar al estadio siguiente, en el que se abrirán un poco más.

Por lo tanto, el estadio siguiente depende de que se responda a la confidencia con la confidencia. Si no ocurre así, la relación entra en un callejón sin salida, debido a la falta de confianza mutua. Los amigos se hacen amigos cuando hay un buen equilibrio entre el hablar y el escuchar, el dar y el recibir, el confiar y el inspirar confianza.

Si uno de los dos no está dispuesto a hablar de sus propios sentimientos, el otro empieza a sentirse al descubierto. El que le admita en la intimidad de sus sentimientos le hará sentirse inseguro.

Si alguien le dice que usted le gusta y ese alguien le gusta a usted, pero no sabe expresarle sus sentimientos, al cabo de cierto tiempo esa persona se sentirá rechazada. Quizá usted piense que es obvio que ella le gusta, pero no hay nada que sustituya el decirlo en voz alta.

NOTA: *Los demás no pueden leerle el pensamiento.*

Si la *otra* persona se ha armado de valor para hablar, *usted* debe hacer lo mismo. Si no puede, o no quiere, corre el riesgo de perderla.

«Nunca parece haber alguien disponible cuando yo lo necesito»

Esta afirmación se superpone, en cierta medida, a la anterior. Si le es imposible admitir que se siente desdichado y solo, los demás pensarán que todo va bien. No puede pretender que adivinen lo que pasa por su cabeza. Si quiere que le ayuden, tendrá que admitir que necesita ayuda. No se ganan medallas haciéndose el héroe cuando uno está llorando interiormente.

A mucha gente le da miedo hablar de sus problemas porque piensan que se pondrán en ridículo si rompen a llorar mientras los exponen. En los casos graves, por ejemplo cuando el sujeto ha perdido a alguien muy querido, les asusta que, una vez que empiecen a llorar esa pérdida, no sean capaces de detenerse, que si permiten que su pena aflore a la superficie, será tan avasalladora que no serán capaces de contenerla. Esa perspectiva aterradora les lleva a reprimir sus emociones, con frecuencia durante mucho tiempo, dando así origen a un gran número de problemas físicos y psicológicos. En tales casos, más vale buscar ayuda profesional. Si ya es incapaz de llorar, ni siquiera cuando pasa por experiencias terribles y se halla bajo una gran tensión emocional, busque un buen consejero para que le ayude a librarse de sus problemas.

Si da a entender a los demás que necesita ayuda y no la obtiene, debería observar un poco más de cerca a sus amigos. ¿Son verdaderamente amigos o sólo andan a su alrededor cuando quieren algo de usted, desvaneciéndose en el aire tan pronto como *les pide* un favor?

Piénselo. ¿Qué es lo que cree que los demás esperan de *usted*? Haga una lista. A continuación, haga otra lista donde especifique lo que espera de sus amigos. Si esta segunda lista es más corta que la primera, algo va mal. Si se considera sólo con deberes, pero no con derechos, si cree que está obligado a ayudar a los demás sin pedirles nada, su confianza en sí mismo se halla por debajo de cero y necesita con urgencia que le presten atención.

«Cuando alguien me dice "hola", me quedo desconcertado y no sé qué contestar»

Bueno, la primera respuesta que se me ocurre es decir también hola y sonreír.

No hay nada extraordinariamente complicado en mantener una conversación. No se precisa exhibir grandes conocimientos, agudeza o inteligencia. No se preocupe si no fue un buen estudiante. Eso no tiene nada que ver aquí. Yo he pasado el momento más aburrido de mi vida con alguien que tenía dos títulos superiores. Recuerde siempre que los grandes nos parecen grandes únicamente porque nos ponemos de rodillas ante ellos, cosa que se aplica tanto a su médico, como al profesor de sus hijos o su cuñado, que obtuvo mejores notas que usted en el colegio. Y si el grado al que ha llegado en la enseñanza le preocupa realmente, haga algo por remediarlo. Hay muchas clases nocturnas que le permitirán conquistar los títulos que no ganó en la edad escolar.

Observe a otras personas. ¿Cómo hacen para iniciar las conversaciones? Fíjese en que su enfoque varía, dependiendo de lo que están diciendo y del ambiente en que tiene lugar la conversación. Hay una diferencia colosal entre el modo en que se hablan dos personas en privado y el modo en que se hablan en una fiesta. La gente no suele hablar igual cuando se dirige a su jefe que cuando se dirige al dependiente de una tienda. Hay quien encuentra más fácil hablar con el alguacil que ha venido a embargar sus pertenencias que hablar con sus padres. Algunos hombres no encuentran las palabras cuando están interesados por una mujer; a algunas mujeres les pasa lo mismo cuando intentan hablar con un hombre que les gusta. ¿En dónde residen sus dificultades personales en cuanto a la conversación? ¿Qué tipo de gente le hace sentirse tímido e inseguro?

Limítese a decir algo, lo que sea... No tiene nada que perder. Si el otro se muestra grosero, el haberle hablado es bueno, ya que así se dará cuenta de que no merece la pena perder el tiempo con alguien que obviamente no lo merece. Felicítese por su sentido común y por su lúcida mirada sobre los demás. En cambio, si le responde con amabilidad, habrá logrado su propósito: sostener una conversación agradable con alguien. Felicite a esa persona por demostrar su buen gusto al querer hablar con alguien tan interesante como usted...

El quid está sin duda en no esperar demasiado. Tal vez ha permanecido usted durante semanas sentado ante la mesa de su despacho, cayéndosele la baba cada vez que se le acercaba aquel atractivo miembro del sexo opuesto, pero no olvide que el objeto de sus amores no se sentirá forzosamente en las mismas disposiciones respecto a usted. Para descubrirlo, tendrá que hablar con él o con ella, sin duda más de una vez. Si se entera de que está ya comprometido o casado, no permita que esto le deprima.

Si se siente decepcionado, se debe a que se adelantó en sus conclusiones. Se hizo ilusiones injustificadas y le han desilusionado, pero también ha demostrado que es una persona de acción, capaz de correr un riesgo cuando le parece que vale la pena correrlo.

Conviene practicar hablando con la gente, hacer un esfuerzo para cultivar la conversación, ya que un día encontrará a una persona que *no* esté casada *ni* comprometida y estará preparado para dirigirse a ella.

NOTA: *Si quiere ganar a las quinielas, no le queda más remedio que jugar.*

GUIÓN

Soy una persona amistosa. Me intereso por los demás y encuentro cada vez más fácil dirigirme a ellos.

Estoy tranquilo y sereno. Hablo fácilmente y con fluidez. La conversación transcurre para mí de modo natural.

Me expreso con claridad. Charlo en tono natural.

La confianza que siento en mí mismo aumenta cada día. A los demás les gusta hablar conmigo.

RESUMEN

Estoy tranquilo y relajado. Hablo con confianza y charlo con toda naturalidad.

«He perdido el contacto con mis antiguos amigos»

Esto puede suceder por razones diversas. Dos ejemplos clásicos son el que acaba de enamorarse y los padres primerizos.

El recién enamorado se presenta con un área de atención drásticamente reducida cuando regresa a su ambiente y a sus viejos amigos. No hay nada ni nadie que le interese a excepción de su nueva pareja y le dedica todo su tiempo libre, de modo que no le queda ninguno para pasar con los amigos. Aunque antes se encontraba con ellos casi todos los fines de semana, ahora no les ve en absoluto.

Los padres primerizos están ocupados con el bebé. Tienen que adaptarse a su nuevo papel de padres, que exige mucho tiempo para acostumbrarse a él porque, por muchos libros que se hayan leído sobre el tema, *siempre* le toma a uno por sorpresa. Es como verse de repente con un extraño en casa, un ser totalmente desconocido, que hace mucho ruido y se queja todo el tiempo en un idioma extranjero que uno no comprende. También en este caso es difícil encontrar algún tiempo para dedicarle a los amigos.

Al cabo de un par de años, sin embargo, la novedad de la pareja ha desaparecido y el bebé sabe ya quejarse en términos inequívocos, pertenecientes a nuestro idioma... Pero, entretanto, ha perdido uno el contacto con los amigos.

Al llegar a este punto, le corresponde a usted tomar la iniciativa. No es cuestión de sentarse junto al teléfono y esperar a que alguien *le* telefonee. En lo que respecta a sus amigos, usted ha desaparecido de la superficie del globo. Se han acostumbrado a la idea de que no está disponible para fiestas o reuniones y, a menos que les haga saber que las cosas han cambiado, seguirán pensando lo mismo.

Otro motivo para perder el contacto con los amigos consiste en que ellos se han casado, mientras que uno continúa soltero. En ese caso, todo es cuestión de suerte. Si puede convencer a su amigo, sin forzarle, a que salga de vez en cuando o a recibirle en su casa, todo va bien. Y, desde luego, debe intentar algunas veces sugerirle el salir juntos antes de renunciar. Pero si no tiene éxito, más vale que concentre sus esfuerzos en buscarse nuevos amigos.

Sin embargo, cuando una persona soltera se encuentra incómoda en compañía de matrimonios, el problema depende de ella. Si asiste a una cena a la que los comensales han sido invitados con tiempo, el anfitrión se las habrá arreglado sin duda para encontrarle una pareja. Si se trata de una ocasión improvisada, tampoco tiene por qué preocuparse, ya que, a no ser por un exceso de timidez, siempre encontrará a alguien con quien hablar. Le bastará con pedir a su anfitrión que le presente a aquella persona con la que le apetezca más charlar. O con tomar la bandeja de los aperitivos y acercarse a la persona que le interese. Ofrecer un aperitivo sirve para entablar la conversación. Además, cuando hay mucha gente, no resulta fácil saber quién es cada cual. En lo que se refiere a los demás, puede haber venido usted con alguien que está charlando con otro grupo en el otro extremo de la estancia.

«Me siento desgraciado cuando estoy a solas»

¿Por qué? Probablemente porque piensa que *debe* sentirse desgraciado. Créame, no existe tal obligación. Estar solo no es lo mismo que ser un solitario. Tener una pareja no equivale a ser feliz. Puede uno sentirse muy solitario con una mujer y tres hijos.

El motivo de que mucha gente piense que no puede ser feliz ni estar contenta cuando se halla sola es que confía en los demás para entretenerse. Con lo que desembocamos de nuevo en la cuestión de la responsabilidad. Que sea feliz o desdichado depende exclusivamente de usted. A usted le toca proporcionarse entretenimiento, dinero, estima de sí mismo y satisfacción. Cree activamente su futuro, no espere a ver lo que le trae. Asegúrese de suscitar el amor, porque no tendrá más amor que aquel que conquiste. Cuando empiece a asumir su propia vida, estará tan ocupado obteniendo cosas del exterior que no le quedará tiempo para sentirse solitario. Cuando empiece a aumentar sus conocimientos, a incrementar su vida social, a mejorar su situación laboral, hablará con tanta gente nueva, entablará tantas amistades que se preguntará cómo encontrar tiempo para lavar su ropa interior el sábado por la noche.

No pierda el tiempo pensando en las cosas de las que quisiera liberarse. Pensar en los problemas no hace más que intensificarlos y no ayuda a desembarazarse de ellos.

NOTA: *Pensar demasiado en una cosa sólo sirve para agravarla.*

Informe a su mente subconsciente de lo que quiere. Véase consiguiendo el deseo de su corazón. Entre en la danza del pensamiento positivo. Si se muestra positivo, será atractivo. Si es atractivo, tendrá éxito. Si tiene éxito, tendrá también dinero, amigos, salud y una pareja maravillosa.

Aprenda a disfrutar de su propia compañía.

● Mírese al espejo y admire su cara, su cuerpo, su pelo.

● Prepare una comida exquisita, preséntela bellamente y siéntese oyendo una música suave y a la luz de las velas. Felicítese a sí mismo por la excelente compañía en que se encuentra.

● Dedíquese un fin de semana. Dé largos paseos, lejos de su mundo diario. Empiece a pensar en todas las cosas que quiere tener en el futuro. Haga planes, pensando a lo grande. Sólo lo mejor es bastante bueno para una persona tan bella, tan inteligente, tan bien dotada y tan encantadora como usted. Aprecie todas sus cualidades. Le prometo que esto supone un cambio muy agradable en comparación con pensar en sus fallos y sus fracasos.

● Ponga su disco favorito tan alto como sea capaz de soportar y pretenda que es el cantante.

«Tengo la impresión de que no gusto a nadie»

¿Cree que hay mucha gente a la que no le gusta o se trata sólo de una persona? Si es sólo una persona, probablemente tendrá ya una idea acerca del problema que les opone. Si no sabe por qué razón no le aprecia, le recomiendo vivamente que se lo pregunte por las buenas.

Ahora bien, cuando se tienen problemas con mucha gente, hay que empezar por comprobar si no se deberá a una de las cosas siguientes:

● ¿Demuestra usted pesimismo con referencia a todo y a todos?

● ¿Habla mal de los demás a su espalda? (Véase *El hipócrita,* p. 47.)

● ¿Es usted excesivamente tímido y suele ponerse muy nervioso? (Véase *El ratón,* p. 42.)

● ¿Es usted propenso al síndrome ACSFD? (ACSFD = actuar como si fuera Dios). (Véase *El patrocinador,* p. 40.)

● ¿Tiene mal aliento u olores corporales?

● Cuando los demás hablan, ¿se pasa el tiempo interrumpiéndoles?

● ¿Se empeña en ser el centro de atención pase lo que pase?

● ¿Ridiculiza a los demás?

Si responde afirmativamente a alguna de estas preguntas, habrá advertido que todo el mundo desaparece o deja de hablar cuando usted entra en una habitación. A veces, puede ser difícil determinar si uno está haciendo alguna de estas cosas, ya que se ha acostumbrado a ello y ni siquiera se da cuenta. Lo ideal sería que acudiese a una persona en cuyo juicio confíe, alguien que le aprecie, para que le dé una opinión cariñosa, pero sincera, sobre su actitud.

¿Le han hecho alguna crítica recientemente sobre su comportamiento? Tómesela en serio. ¿Esa crítica es justificada? Si no comprende de qué se queja la persona que la formula, dígaselo. No acepte críticas que no entiende y a las que luego dará vueltas y más vueltas una vez que se halle en la cama. Pregunte. Cuando sepa los peros que le ponen los demás y cuando considere que son justos, propóngase firmemente trabajar sobre ese punto débil.

Si le parece que las quejas son injustas o exageradas, o si afectan gravemente su bienestar y su salud en el sentido que sea, tendrá que alejarse de esa situación, ya se trate de una relación o de un trabajo, *pero nunca antes de haber intentado hablar de ello con la persona o las personas en cuestión.*

En caso de que su problema sea el sentimiento de que no agrada a nadie en general, me parece mucho más probable que suceda todo lo contrario, es decir, que sea a usted a quien no le gusta nadie. Tal vez le asustan sus semejantes, tal vez teme que le hieran.

¿Le lastimaron mucho cuando era pequeño? ¿Encuentra difícil confiar en los demás? ¿Sospecha que quieren darle gato por liebre o aprovecharse de usted? Cuando alguien se ríe a sus espaldas en el autobús, ¿presume automáticamente que se ríe de usted? Si contesta que sí a estas preguntas, eso significa que no se agrada a sí mismo. Y si no se agrada a sí mismo, no será capaz de agradar a otros.

NOTA: *Cualquier cosa que transmita a los demás le será devuelta como un boomerang.*

Empiece a estimular su confianza en sí mismo. Si su pasado le domina y no sabe cómo atacar el problema, busque a alguien que le ayude (véanse las pp. 185-195). No obstante, primero ha de intentar utilizar el guión que figura al final de este capítulo durante las tres semanas próximas. Hay muchos que lo encuentran suficiente para introducir en su vida cambios positivos.

No conviene fomentar la falta de confianza en sí mismo.

«Mi pareja me ha abandonado hace poco»

Y ahora se halla en el fondo de una sima negra y profunda y no logra salir de ella. Separarse ya es lo bastante malo, pero ser abandonado resulta mucho peor, ya que sugiere que uno no es lo suficientemente guapo, elegante, inteligente, divertido, atractivo sexualmente, interesante y adorable para continuar en su compañía. Después de perder el trabajo, ésta es probablemente la herida más dolorosa para el ego.

Se siente muy mal en este momento. Los ojos se le llenan de lágrimas y se desespera, pensando: «Nunca encontraré a alguien que me quiera». O se encoleriza: «¡Ese canalla! (o esa bruja) Y pensar que le compré aquel reloj tan caro como regalo de reyes...». A todo lo cual se añade una dosis muy generosa de autoconmiseración.

No hay nada malo en albergar esos sentimientos, pero conviene expulsarlos de nuestro sistema. Elija una grabación muy sensiblera y agarre una buena llantina. Llorar alivia muchísimo. Si se siente furioso, puede aporrear un cojín durante una buena media hora. Cuando uno empieza a indignarse contra su ex pareja, ya está a medio camino para salir del abismo. La ira le empuja hacia atrás de modo activo, pero basta con canalizar esa energía en una dirección constructiva.

Quizá descubra que ya hay alguien a su alrededor deseoso de colmar el vacío de su vida amorosa. Esto es, claro está, muy agradable y tiende a acelerar en sumo grado el proceso de recuperación, lo cual no significa, sin embargo, que ya lo haya superado todo. Algo así como dejar de fumar. Uno sabe que el maldito tabaco no es bueno para su salud, pero sigue deseándolo. No habrá terminado con él de manera definitiva hasta que pueda mirar un cigarrillo sin sentir la menor emoción. Del mismo modo, quienquiera que pretenda calzarse los zapatos de su antiguo amor tendrá pocas oportunidades, puesto que en realidad lo está utilizando como un paliativo y como un sustituto. Debe ser consciente de esto. Las relaciones de rebote raras veces dan resultado.

Por lo tanto, si no tiene a mano un reemplazante voluntario, aproveche esta oportunidad inestimable para canalizar toda la energía que ha quedado de pronto sin objetivo y aplicarla a trabajar en su carrera y en extender otras áreas de su vida. Será preferible a comprometerse en otra relación seria o a caer de nuevo en una agradable pero contraproducente inercia. *Entre* dos relaciones, se le ofrecen las mayores posibilidades de empezar cosas nuevas, de introducirse en nuevos campos y de desarrollarse para convertirse en una persona más fuerte y más segura de sí misma.

No puede contar con que alguien ande siempre a su alrededor, sosteniéndole. Las relaciones no son automáticamente eternas. Requieren un sentido de participación y de flexibilidad por ambas partes. Pueden darse diferencias de opinión o disputas, uno de los miembros de la pareja puede recibir una herida grave o de consecuencias permanentes, perder su empleo, morir de repente... Todos esperamos que esas cosas no sucederán nunca, pero suceden. Durante esos tiempos difíciles, es cuando necesita tener algo en lo que apoyarse, y ese algo sólo lo encontrará dentro de sí mismo. Si no ha adquirido un sentido de su propio ser, una confianza en sus propias capacidades y una visión positiva en general de la vida, cualquier desastre le parecerá doblemente duro.

Una vez que haya llorado lo suficiente a su ex pareja, salga de su agujero y mire a su alrededor para ver cómo empezar a hacer algo con su vida que le ayude a progresar. Concéntrese durante algún tiempo en sí mismo. Su edad no tiene nada que ver con la cuestión. Siempre hay lugar para mejorar, ya se tengan diecisiete o setenta y cinco años. Siempre hay otra pareja en el horizonte, no importa el número de sus arrugas. No se preocupe de su edad. He aquí mi lema: Si a un hombre no le gustan mis arrugas, es el *hombre* el que tiene que marcharse, no las *arrugas*.

Una persona es tan joven como sus esperanzas y tan vieja como sus temores. Mientras siga teniendo ambiciones, mientras continúe haciendo planes, será joven. Y cuando abandone la esperanza, será viejo. La desesperanza es el resultado de no comprender los principios básicos de la vida. *Siempre* hay un camino. El hecho de que nuestras mentes sean demasiado limitadas para verlo, no significa que el camino no exista. Una vez que se convenza de esta verdad fundamental, no tendrá que volver a preocuparse.

GUIÓN

Utilizo mi tiempo libre en la forma más ventajosa para mí. Soy creativo y productivo.

Éste es el momento apropiado para desarrollarme más, ésta es mi oportunidad de dar un gran paso hacia adelante.

Todas mis energías se aplican a ayudarme a mí mismo a progresar. Dirijo todos mis esfuerzos hacia metas nuevas y positivas.

Creo en mí mismo. Mi fuerza interior me empuja.

> **Ésta es mi gran oportunidad. Soy constructivo y positivo y empiezo a trabajar para preparar mi futuro.**

«Soy una persona abierta, pero aun así me siento solitario»

Tal vez pertenezca usted al tipo de personas que son muy populares, que tienen montones de amigos, pero que se creen incapaces de encontrar a su pareja. Todos tienden a contarle sus problemas, a fin de recibir de usted consejo, ayuda y aliento. La gente le telefonea a cualquier hora para contarle el último incidente de sus desastrosos amores y prolongan la comunicación durante horas. Es usted el mejor amigo de todos y el amante de nadie.

Sus propios problemas le parecen insignificantes en comparación con los de los demás, de modo que continúa aceptando las llamadas desesperadas en mitad de la noche, con lo que llega al día siguiente al trabajo con los ojos nublados y exhausto por la falta de sueño. Le conviene tomar conciencia de que no es usted el paño de lágrimas de todo el mundo.

Cierto que se debe sostener a los amigos en sus épocas malas –eso está bien–, pero cuidado con los quejicas abusones. Esa clase de gente no está realmente interesada en hacer algo por resolver su problema, sino que disfruta lamentándose (véase *El mártir,* p. 43). Si escucha durante demasiado tiempo a personas como ésas, acabará sintiéndose también deprimido. Si se permite dejarse anegar por los problemas de otros, «pescará» fácilmente su ansiedad y su desesperanza. Tiene usted el deber de protegerse contra esta eventualidad, así que deshágase de los quejicas que abusan de usted y atienda exclusivamente a los amigos que necesitan de verdad ayuda y la desean.

Conceda a los demás su tiempo para que consigan arrancar, hábleles, sugiérales medios de solucionar sus problemas y luego compruebe si en efecto hacen algo por salir de sus dificultades. Si no lo hacen, está claro que no le será posible ayudarles más.

Si alguien abusa de usted para lograr sus propios fines, debe decirle, desde ahora mismo, que no está dispuesto a hablar con él a menos que tenga algo positivo que contarle. No tenga miedo de que se niegue a dirigirle después la palabra. De ser así, habrá logrado por lo menos disfrutar de noches tranquilas.

En la mayoría de los casos, le hará un favor señalándole lo negativo que se muestra. Cuando comprenda que ha dejado usted de estar disponible como Muro de las Lamentaciones, se verá obligado a pasar a la acción y enfrentarse a su problema.

Asegúrese de no ser siempre el que da y nunca el que recibe.

NOTA: *Todos tenemos derechos, lo mismo que tenemos deberes.*

Si uno se preocupa sólo de los problemas de otras personas e ignora las propias necesidades y deseos, no se trata a sí mismo con justicia.

A veces, quienes ven sus propios problemas como abrumadores procuran aliviar la presión a que están sometidos dedicándose a ayudar a los demás. Ese método les permite olvidarse de sus asuntos y, al mismo tiempo, ganarse algunos puntos desde el punto de vista social.

Reúna el valor necesario para apoyarse en otras personas. Solicite el tiempo y la atención de un amigo cuando necesite ayuda. Tiene tanto derecho a recibir asistencia como cualquiera. También le hará aparecer como más humano. De lo contrario, suscitará, desde luego, una gran admiración y reconocimiento por la eficacia con que ayuda a sus semejantes, pero se convertirá en una persona inalcanzable. Cuando alguien se halla sobre un pedestal y parece bastarse por completo a sí mismo, resulta un tanto atemorizador para los demás, que se sienten incapaces de vivir a una altura semejante.

GUIÓN

Me gusto a mí mismo y me gustan los demás. Me merezco lo mejor de la vida y voy a obtenerlo. Mi felicidad es algo importante para mí.

Soy yo quien crea mi futuro. Estoy en camino de convertirme en la mejor persona que me es posible ser. Todo cuanto preciso para mi felicidad lo tengo ya en mí. Soy un ser completo.

Soy una persona armoniosa. Estoy en armonía con el mundo que me rodea. Una gran sensación de serenidad se extiende por mi interior y me siento tranquilo y relajado en todo lo que hago.

Atraigo todo lo bueno como un gran imán. La confianza que siento en mí mismo aumenta día a día. Soy una persona atractiva.

Un gran sentimiento de amor invade mi ser. Amo la vida y sigo mi voz interior, que me guía en todo momento.

Mi pareja ideal está ya esperándome y la encontraré en el lugar apropiado y en el momento apropiado.

RESUMEN

Estoy en armonía conmigo mismo y con el mundo que me rodea.

O bien:

Mi voz interior me guía en todo momento. Estoy a salvo.

O bien:

Mi pareja ideal me está esperando. Todo está conforme.

La enfermedad

- Tengo problemas con el estómago.
- Me duele la cabeza y la espalda con frecuencia.
- Tengo un tumor benigno o maligno.
- Tengo problemas de piel.
- Me van a hospitalizar.

La enfermedad tiene siempre un propósito determinado. No se limita a ser una molestia, sino que supone una señal de alarma. Desgraciadamente, la mayoría de la gente trata a su coche mejor que a su propio cuerpo.

Cuando va usted por la autopista y la luz del indicador de la gasolina empieza a parpadear, se detiene en la gasolinera más cercana. Si el empleado de la misma le dice: «No hay ningún problema. Esto lo soluciono yo en seguida», y se limita a desconectar la luz, asegurándole que ahora ya está todo bien, usted pensará que está rematadamente loco, y lo pensará con toda razón, *ya que el problema no estaba en la luz, sino en el nivel de la gasolina en el depósito.* La situación es la misma cuando es el estómago lo que nos causa problemas. Nuestro cuerpo nos envía una señal de alarma para decirnos que hay algo que va mal. Si nos limitamos a tomar unas tabletas, procedemos a desconectar la alarma sin hacer nada con respecto al verdadero problema. «Curamos» temporalmente el síntoma, pero no la causa.

Si trata su cuerpo de este modo durante un largo periodo de tiempo, aumentarán sus síntomas, que se irán agravando puesto que la causa todavía no ha sido eliminada.

Uno de los problemas actuales radica en que la profesión médica trata únicamente la enfermedad, es decir, el síntoma. Los médicos analizan, diagnostican, tratan de descubrir de qué enfermedad se trata y a qué medicamentos recurrir para curarla. La *enfermedad* se convierte en el punto focal y se olvida el resto. El médico empieza a luchar contra la enfermedad, sin que el enfermo cuente para nada. No hay más que oír a los médicos en un hospital cuando pasan de una sala a otra, hablando de sus «casos»: *la úlcera* ya va mejorando, *el apéndice* será dado de alta mañana.

¿Qué les importa si fue el propio paciente el que causó la enfermedad? ¿Por qué ha de interesarles el que ese sujeto haya caído enfermo porque se siente incapaz de enfrentarse a la vida?

La enfermedad aparece cuando el sistema inmunitario baja las defensas, cuando uno está preocupado, cuando se siente acosado, cuando las cosas tienden a abatirle. Puede ocurrir así por un exceso de trabajo o porque el sujeto sufrió en el pasado uno o más acontecimientos traumáticos, tal vez la muerte de un pariente cercano o de un amigo íntimo, la pérdida de su puesto de trabajo o un divorcio, por poner algunos ejemplos. Todo acontecimiento que conduzca a un cambio drástico en el modo de vida ejercerá una presión sobre él, aun en el caso de que dicho acontecimiento sea agradable, como recibir un ascenso, casarse o tener un hijo. Es la persona que encuentra difícil enfrentarse a la vida la que cae enferma.

La preocupación, la pena, la cólera, la frustración, la envidia y el odio son todos ellos sentimientos que favorecen la aparición de la enfermedad. Someten el cuerpo a un esfuerzo excesivo, robándole la energía que precisa para mantener intacto su sistema inmunitario, y existen pruebas científicas de que así ocurre efectivamente.

En un experimento, se expuso a un cierto número de voluntarios a los gérmenes del catarro, pero sólo algunos de ellos terminaron acatarrándose. Aunque todos los sujetos habían estado en la misma habitación, expuestos a los mismos gérmenes, algunos de ellos resistieron bien. Resultó que los que habían demostrado resistencia a los gérmenes eran aquellos que habían declarado sentirse satisfechos de su vida y seguros de controlarla. Los que cayeron enfermos carecían de seguridad en sí mismos y estaban sometidos a una tensión constante.

En la actualidad, se admite que por lo menos el 70 % de las enfermedades son psicosomáticas, lo que significa que los síntomas físicos padecidos traducen el estrés emocional. No quiere decir esto que los problemas físicos sean sólo imaginarios. Al contrario, las úlceras, las palpitaciones, los dolores de cabeza son muy reales. El enfermo no los finge. El término psicosomático significa que la *causa* de la enfermedad no reside en un órgano defectuoso genéticamente, sino que la psique está desequilibrada y, por consiguiente, influye sobre una parte determinada del cuerpo en un sentido desfavorable.

Que el área física acabe siendo afectada por el estrés emocional depende de cuál sea nuestro punto flaco, incluso de dónde *creamos* que está nuestro punto flaco. «Mi padre es asmático, mi abuelo también, y ahora yo tengo el mismo problema. Es cosa de familia.» *Esperamos* padecer un cierto problema, y nuestras expectaciones se cumplen con el tiempo. A decir verdad, incluso es posible contraer una enfermedad si se piensa en ella el tiempo suficiente.

Un hipnotizador de teatro demostró de manera muy eficaz el funcionamiento de esta regla. Sometió a hipnosis a un sujeto y sacó una moneda de su cartera. Dijo al hipnotizado que iba a darle un trozo de metal muy frío y depositó la moneda en su mano derecha. El sujeto afirmó que la mano se le había quedado congelada a causa del «frío glacial» de la moneda. El hipnotizador la retiró y anunció que ahora iba a poner un trozo de metal al rojo en la mano izquierda del sujeto y dejó en ella la misma moneda. El sujeto aseguró ahora que sentía un calor muy intenso y un dolor agudo en el lugar en que descansaba la moneda. Cuando el hipnotizador la retiró, se había formado una ampolla en la mano del sujeto.

El miedo prepara el terreno para la susceptibilidad a los problemas físicos y mentales. Asustarse de algo supone pensar sobre ello de modo negativo. Cuanto más se tema una enfermedad, más probabilidades existen de atraerla.

Comprenderá mejor este proceso cuando recuerde la última vez que hojeó una enciclopedia médica. Empezó a leer el texto y a mirar alguna de las fotografías y grabados, y cuanto más leía acerca de aquella enfermedad, más preocupado se sentía, pareciéndole incluso detectar en sí mismo algunos de los síntomas. De pronto, notó una sensación de picor en el cuero cabelludo. ¿Iba a quedarse calvo? ¿Y aquella contusión en la pierna...? Podría ser el comienzo de un tumor maligno. Cierto que existen enfermedades, como la hemofilia o algunas anomalías cromosómicas que afectan al desarrollo del feto, en el síndrome de Down, por ejemplo, y que se deben a un defecto incorporado a nuestra constitución genética, defecto que se transmite de padres a hijos. La mayoría de las enfermedades, sin embargo, son familiares, más que heredadas o congénitas. Una enfermedad familiar es aquella que se contrae por la simple razón de vivir con un determinado grupo de gente, es decir, la familia.

La artritis, que se repite dentro de ciertas familias, afecta incluso a los hijos adoptados, que, pese a no poseer el mismo material genético que el resto de la familia, acaban también padeciéndola. Se piensa ahora que una atmósfera particularmente inflexible y emocionalmente fría favorece la aparición de la artritis.

Cuando nos vemos obligados a reprimir nuestros sentimientos, se perturba nuestro equilibrio emocional, lo que conduce a síntomas físicos. Los síntomas pueden incluso ser un símbolo del problema subyacente: la rigidez de pensamiento conduce a la rigidez de los miembros, la represión de los sentimientos favorece el estreñimiento, la incapacidad de expresar abiertamente la cólera puede hacer que ésta se vuelva hacia el interior, provocando la depresión; el rechazo de la propia feminidad da a veces como resultado problemas menstruales y sexuales.

Con frecuencia, cuando nos sentimos amenazados por un acontecimiento que se perfila en el futuro, caemos enfermos, como un «truco» para no tener que enfrentarnos con ese acontecimiento. Por ejemplo, quizá se haya dado cuenta de que a su hijo le sube la temperatura o le duele la garganta cada vez que tiene un examen de matemáticas. Usted mismo padecerá un dolor de cabeza antes de tener que acudir a una entrevista difícil. Cuando mayor sea el miedo que inspira el acontecimiento que se acerca, más graves serán los síntomas. Si a usted le parece que le será imposible enfrentarse a él, su sistema nervioso se asegurará de que su cuerpo no se halle en condiciones de actuar durante un cierto tiempo.

Los acontecimientos del pasado nos influyen también. La aparición del cáncer o de otras enfermedades catastróficas va precedida por una experiencia traumática, un shock grave o un acontecimiento muy grave ocurridos uno o dos años antes y que suscitaron sentimientos de culpabilidad, miedo y dolor. Cualquier cosa que no sepamos controlar desde el punto de vista emocional se manifestará físicamente, hasta que hayamos resuelto el problema o hasta que muramos.

La mente puede *hacernos* enfermar, pero también puede *curarnos*. Pongamos un ejemplo. Su médico, persona muy comprensiva, le receta unas pastillas, asegurándole que son muy eficaces y que actuarán rápidamente. Ya al salir de la clínica se encuentra mejor, puesto que espera ponerse bien pronto. Su mente ha iniciado ya el proceso de curación. Cada vez que tome una pastilla, recordará las palabras del médico, es decir, que esas pastillas son muy eficaces. Se ha demostrado que la gente mejora porque espera mejorar.

Durante un experimento en un hospital, destinado a comprobar los efectos de un medicamento antidepresivo, se dividió a los pacientes en dos grupos. Al grupo A se le dio el nuevo medicamento, mientras que el grupo B recibía un placebo (es decir, que tenía toda la apariencia del medicamento real, pero no contenía ninguna sustancia activa). Ni el médico ni los pacientes sabían a quién se aplicaba la verdadera medicina y a quién se aplicaba la falsa.

Al final del experimento, el porcentaje de éxitos en el grupo A fue del 70 %. Sí, pero los del grupo B, los que habían recibido el placebo, obtuvieron *también* un 70 % de éxitos. El hecho de tomar una tableta pone en marcha la asociación subconsciente de este acto con la mejoría, que se consigue, efectivamente, como consecuencia.

Veamos otro ejemplo. Un colega me contó que una de sus clientes padecía de insomnio y que tenía el hábito de tomar un somnífero todas las noches. Un día, se confundió de tabletas y tomó un laxante suave. Durmió profundamente durante toda la noche, aunque se encontró con diarrea a la mañana siguiente. El incidente se repitió un par de veces, hasta que se dio cuenta de que estaba confundiendo las pastillas, pero le sirvió para comprender que era muy capaz de dormir sin su somnífero y, por lo tanto, dejó de tomarlo.

Incluso más notable es el caso, ocurrido en los Estados Unidos, de un condenado a muerte, que eligió que le cortasen las venas en lugar de sentarse en la silla eléctrica. Le vendaron los ojos, un guardián trazó una línea con una pluma sobre sus muñecas, y el prisionero murió.

Todos tenemos una gran capacidad de fe en nuestro interior. Cualquier cosa que consideremos con convicción como cierta se convierte en realidad, sin importar que sea buena o mala.

Asegúrese de saber lo que ocurre en su mente *consciente,* ya que supone el único medio de que dispone para controlar lo que ocurre en su mente *subconsciente.* Si no domina su mente subconsciente, alguien la dominará por usted y puede verse cargado con cosas que no quiere.

Conocer los poderes de su mente subconsciente le obliga a utilizarlos. El poseer una voluntad libre le convierte automáticamente en responsable de lo que le sucede. Quizá sea malo cometer un error, pero es peor no hacer las cosas bien cuando se sabe cómo. No utilizar sus conocimientos, su tiempo y sus talentos en un sentido positivo para incrementar su salud física y mental y su felicidad constituye probablemente el único verdadero pecado existente en este mundo.

Cualquiera que sea la enfermedad, importa mucho aprender a relajarse. En la primera parte de este libro, incluí algunos ejercicios generales para calmar la respiración y prepararse a adoptar una actitud mental positiva. En las páginas que siguen, voy a describir otro que es la base de cualquier sugestión que quiera hacerse a sí mismo para sentirse bien de nuevo.

El ejercicio siguiente está destinado especialmente a la relajación física. Un cuerpo en calma supone un requisito para una recuperación rápida, ya que, cuando el cuerpo está relajado, la tensión de la piel se reduce. En el departamento de quemaduras de cierto hospital, se aplicó a un cierto número de personas un tratamiento de relajación bajo hipnosis una vez al día durante un periodo de dos semanas. Se observó que sus quemaduras curaban en la mitad del tiempo que hubieran tardado normalmente. El nivel reducido de tensión de la piel provocó una disminución del dolor, una reducción temprana de la inflamación y, por lo tanto, una aceleración de la regeneración de los tejidos.

En primer lugar, elija el lugar que más le convenga para retirarse a él. Su santuario puede ser de cualquier clase, real o imaginario, pero ha de sentirse en él tranquilo y relajado. Decídase por una isla tropical, una cueva en el bosque, una habitación confortable, un jardín... En realidad, no importa, con tal de que sea idílico y tranquilo. En el ejercicio siguiente, yo he elegido un jardín. Si prefiere otro escenario, le bastará modificar el ejercicio para ajustarlo a él. Siempre que hablo de respirar, me refiero a la respiración partiendo del vientre (véase la p. 28 en cuanto a las instrucciones para lograrlo).

Relajación a través del color

● Póngase cómodo, en la postura que prefiera, sentado o acostado. Asegúrese de que la ropa no le ciñe (quizá tenga que descorrer alguna cremallera o desabrocharse unos botones).

● Cierre los ojos. Concéntrese en los sonidos exteriores. Continuará oyéndolos durante toda la sesión de relajación, pero no le perturbarán. Más bien le ayudarán a relajarse incluso más.

● Centre ahora su atención sobre la habitación, en sí mismo. Limítese a tomar conciencia de su postura, dónde tiene la cabeza, los hombros, los brazos, el tronco, las piernas y los pies. Rectifique la postura, si le parece necesario. Asegúrese de que está cómodo.

● Empiece ahora a imaginar una escalera. Se encuentra usted en la parte superior, mirando hacia abajo. Faltan diez escalones para llegar al final. Empiece a bajarlos mentalmente, paso a paso, contando hacia atrás de diez a cero. Imagine que con cada escalón que desciende entra en una relajación más y más profunda.

● Una vez que haya llegado al fondo de la escalera, se verá ante una puerta de hierro forjado que lleva al lugar que usted ha elegido. El único medio de penetrar en él consiste en despojarse de sus pensamientos de cada día y dejarlos en el exterior. Deposite todos sus pensamientos y preocupaciones en un arca de madera que verá junto a la puerta. Tan pronto como lo haya hecho, la puerta se abrirá.

● Entre ahora en su santuario, el lugar de la tranquilidad perfecta, un hermoso lugar con árboles y matorrales, flores y césped, con todo aquello que usted prefiere. Y todo eso le pertenece. El aire es suave, el sol resplandece en un cielo de un azul intenso, los pájaros cantan y una ligera brisa hace la temperatura más agradable.

● Busque un sitio dentro del jardín donde crea que se sentirá a gusto. Échese allí y relájese.

● Respire profundamente y, al exhalar el aire, imagine el color **rojo.** Al mismo tiempo, relaje su cabeza: la parte superior, la frente, los ojos y todos los músculos que los rodean, los músculos de las mandíbulas.

● Respire profundamente y, al espirar, imagine el color **anaranjado.** Al mismo tiempo, deje caer los hombros y los brazos y relaje los músculos del pecho. Si *imagina* que esas partes se relajan, lo harán automáticamente.

● Respire profundamente. Al espirar, imagine el color **amarillo** y permita que se desvanezca toda tensión de la región de su vientre y de sus piernas. Imagine que todos sus músculos y fibras se vuelven fláccidas y que todo su cuerpo se siente tan perezoso que le costaría un gran trabajo moverlo.

● Respire profundamente e imagine el color **verde** mientras espira. Deje ahora que su mente entre en reposo. Todos los pensamientos remanentes se calman. No se resista a ellos si se entrometen. Simplemente, déjelos pasar como si fueran nubes blancas por el cielo.

● Respire profundamente, expulse el aire e imagine el color **azul.** Su calma mental y física empieza a hacerse más profunda. Se sumerge cada vez más en la relajación.

● Respire profundamente e imagine el color **añil** al espirar. Su mente está ahora sumida en una calma completa, y una sensación de paz invade todo su ser.

● Respire profundamente y, al espirar, imagine el color **violeta**. La tranquilidad se ha apoderado de cada fibra de su cuerpo. Se ha convertido usted en la tranquilidad misma. Se encuentra en el centro de su propio ser. Se ha vuelto uno con todo lo que le rodea en el interior de su jardín, forma parte de la naturaleza y se halla en armonía consigo mismo y con su ambiente. Es usted absolutamente libre.

● Permanezca en ese estado tanto tiempo como desee. Cuando quiera abandonarlo, le bastará imaginar que se levanta y camina hacia la puerta. Salga al exterior y cierre la puerta a sus espaldas. Luego, empiece a subir la escalera, contando mentalmente mientras asciende. Al llegar al escalón número diez, abra los ojos. Quédese quieto todavía un momento y aguarde a que su mente vaya volviendo a la realidad.

La sensación de tranquilidad y relajación se prolongará durante algún tiempo. Cuanto más practique este ejercicio, más fácil le resultará relajarse y con mayor rapidez lo conseguirá. Haga el ejercicio de relajación a través del color una vez al día, durante tres semanas como mínimo.

PROBLEMAS POSIBLES

¿Le ha parecido difícil imaginar los colores?

Si le ha sucedido así, le será util pensar en objetos que sean de cada color en particular, por ejemplo, tomates, naranjas, limones, etc. Le bastará imaginar, digamos, una pared de limones para obtener la sensación de color amarillo. Si todavía sigue encontrando cierta dificultad, mire un objeto amarillo, cierre los ojos e intente de nuevo imaginar el color. Repita esto varias veces y comprobará que su mente empieza a formarse una «impresión» del color, impresión que podrá reproducir cuando cierre los ojos.

¿Le ha parecido difícil eliminar cualquier tipo de interferencia física?

Hay personas que se irritan mucho cuando tienen que tragar saliva o toser, les pica la nariz o han de rascarse una oreja. No permita que eso le desconcierte y le haga interrumpir el ejercicio. Si necesita aclararse la garganta, acláresela; si le pica la nariz, rásquesela. Pero de ningún modo se resista a esas urgencias, puesto que sabe (recuerde el Prólogo) que lo que digo a continuación es cierto:

NOTA: *Cuanto más se empeña uno en evitar algo, más difícil resulta conseguirlo.*

Cuanto más se resista a rascarse la nariz, más fuerte se hará el deseo de hacerlo, así que decídase cuanto antes. Eso contribuirá a reducir al mínimo la interferencia. Una vez que haya hecho el ejercicio varias veces, las urgencias desaparecerán por sí mismas. No se deje distraer por trivialidades. Cuanto menos importancia les conceda, menos poder ejercerán sobre usted.

¿Tiene problemas de interferencia de pensamientos?

Tampoco en este caso oponga ninguna resistencia. Tan pronto como se sorprenda arrastrando consigo el recuerdo de la caldera de la calefacción que hay que reparar o de los problemas escolares de sus hijos, dése un «codazo» suave (suave, ¿eh?) y vuelva al punto en que su pensamiento se ha desviado. Si se queda parado una y otra vez en el mismo lugar, pase al estadio siguiente. Su primer objetivo consiste en hacer el ejercicio, el segundo recorrerlo del principio al fin y sólo en tercer lugar viene el objetivo de hacerlo bien. Basta persistir para terminar mejorándolo.

A menos que acostumbre a dedicar bastante tiempo a la meditación, es improbable que sea capaz de evitar que otros pensamientos le pasen por la cabeza. Por lo tanto, acéptelos como parte del ejercicio. No le harán realmente ningún daño, ni perjudicarán su efecto relajante.

«Tengo problemas con el estómago»

¿Sabe lo que va mal exactamente en su estómago? ¿Padece ardores sólo de cuando en cuando o con mucha frecuencia? ¿Lleva bastante tiempo soportando esos problemas?

Empiece por asegurarse de que sabe lo que le ocurre. No es conveniente ignorar los síntomas, esperando que desaparecerán por las buenas, especialmente si hace mucho que los viene sufriendo. Acuda al médico cuanto antes, a fin de averiguar si sus padecimientos se deben o no a algo grave.

Negarse a encarar el problema no lo hace desaparecer, así que decídase a dar el primer paso y examine los hechos, cualesquiera que éstos puedan ser. Estará mejor equipado para resolver el problema cuando sepa exactamente en qué consiste.

Como ya he observado antes, las enfermedades constituyen señales de alarma para indicar que se ha iniciado una reacción negativa en cadena dentro de la vinculación mente-cuerpo, puesta en marcha por una falta de armonía entre las emociones. Los pensamientos agrios agrian el estómago.

Sea sincero consigo mismo. ¿Contra cuántas personas se siente resentido en este momento? ¿Cuántas otras le ponen furioso porque le parece que le han pisoteado? ¿Cuántos son los que piensa que tratan de superarle en los negocios? Cuando no esté seguro acerca de una persona, cierre los ojos y piense en ella por un momento. Si su estómago reacciona, habrá de poner a esa persona en su lista de «resentimientos». Cuente los nombres que figuran en esa lista. Cuanto mayor sea su número, peores serán los problemas a que su estómago estará condenado.

¡Cuidado! No digo que esa gente esté tratando en realidad de perjudicarle. Digo que *usted cree que sí*. Quizá tenga razón, pero también es posible que se equivoque. Cuantas más personas considere como sus enemigas, más se atemoriza. Empieza entonces a sentirse acorralado, lo que suscita su agresividad o su pánico. Su cuerpo se prepara para el combate o la huida, la región del estómago se contrae, se endurece, disponiéndose a resistir el posible puñetazo que le enviará su adversario. Si además proporciona a su estómago alimentos fuertes y grasos, si fuma y bebe mucho, intensificará el proceso destructivo. Para empezar, el estómago no puede trabajar adecuadamente porque se halla en posición contraída, teniendo además que digerir unos alimentos pesados y sustancias nocivas. La situación de sobrecarga es entonces inevitable, y el estómago empieza a enviar ruidosas señales de alarma.

Los dolores se incrementan, hasta que, por último, se produce la úlcera. Cierto que siempre puede seguir ignorándolo, tomar su medicamento, continuar encolerizándose todo el tiempo y comiendo, bebiendo y fumando cada vez que se le antoje. Naturalmente,

146

la úlcera se agravará, hasta que no sea posible controlarla mediante la medicación. El paso siguiente llega de modo tan inevitable como la noche sucede al día. Tendrán que extirparle quirúrgicamente parte del estómago.

No estoy tratando de asustarle. Me limito a presentarle las duras circunstancias que acompañan la vida diaria de un estómago en tensión. Supongo que a estas alturas ya habrá determinado el lugar que ocupa en la jerarquía de los problemas estomacales. A partir de ahora, a usted le toca decidir si quiere mejorar o empeorar. Se le ofrece la elección. Recuerde que, aun en el caso de que no tome una decisión, habrá tomado de todos modos una decisión, la de empeorar. No merece, pues, la pena que siga leyendo este capítulo.

Si ha decidido hacer algo por resolver sus problemas de estómago, necesitará trabajar en dos niveles. Uno de ellos es la cuestión del estrés (véanse las pp. 68-88). Ordene su empleo del tiempo, haga una pausa de cuando en cuando, asegúrese de tener vacaciones y reserve los fines de semana para dedicarlos a su vida privada. El segundo nivel es el de los aspectos físicos. Ayude a su cuerpo permitiéndole relajarse y así acelerará el proceso de recuperación. Adopte una dieta sana y haga ejercicio en una medida razonable.

La enfermedad es la ausencia de salud. Para recuperar ésta, necesita preocuparse de ella y dejar de pensar en la enfermedad. Los pensamientos sobre la enfermedad engendran la enfermedad. Los pensamientos sobre la salud engendran la salud. Retenga los pensamientos que desea, no aquellos que no desea.

La estancia en el hospital nos hace sentirnos peor porque estamos rodeados de objetos que nos recuerdan la enfermedad: tabletas, aparatos de rayos X, jeringuillas, el olor del desinfectante. Hay personas incapaces de soportar el ir a visitar a alguien en el hospital, ya que la simple visión de esas cosas les suscita un agudo sentimiento de ansiedad. Cuánto peor ha de ser para el que se ve forzado a ir a causa de una enfermedad... A no ser por la amabilidad de las enfermeras, sería una perspectiva verdaderamente siniestra.

Ahora bien, la salud, no la enfermedad, constituye nuestro estado normal. Sin embargo, a pesar de todos nuestros conocimientos, de las investigaciones médicas y los avances técnicos, de los procedimientos de diagnóstico y de los hospitales, parecemos gozar de *menos* salud que nunca. Se debe a que somos menos *armoniosos* que nunca. La carrera de ratas que es la vida moderna y el espíritu de competición que reina entre nosotros nos hacen perder el contacto con nosotros mismos, con nuestros deseos y necesidades. No obstante, el que miles de personas sucumban a este estilo de vida destructor no significa que lo correcto sea aceptarlo. Sería como decir: «Cien millones de pulgas se alimentan de sangre. No es posible que cien millones de pulgas estén equivocadas». Una vez que el desequilibrio entre los valores externos y los valores internos se haya corregido, su cuerpo volverá de manera absolutamente natural a su estado original de buena salud.

Veamos un método para resolver los problemas estomacales partiendo de su componente mental. Supondré que ha intentado el ejercicio de relajación a través del color de las pp. 142-145 y que se ha familiarizado con su santuario. Cuando se haya retirado a su ambiente privado de tranquilidad y su cuerpo se haya relajado razonablemente, continúe como sigue:

● Redacte mentalmente una lista de las personas a las que odia o teme. Piensa en una de ellas y envíele sus mejores deseos. Sinceramente. Perdónele lo que le ha hecho, aunque sólo sea durante el tiempo del ejercicio. Sea generoso, sea magnánimo, sea un héroe, un gigante en medio de los hombres, pero *perdónele*. Es usted más juicioso que él, puede permitirse esa actitud (además, quiere curarse de la úlcera, ¿no?). Ésta es probablemente la parte más importante del ejercicio.

● Empiece a concentrarse sobre su estómago. Al principio, quizá le haga falta apoyar una mano sobre él.

● Imagine que una luz muy brillante (si su imagen se refiere al mundo exterior, puede ser la del sol) ilumina su estómago.

● Imagine que la región del estómago empieza a calentarse más y más, hasta convertirse en un pequeño radiador situado en el interior de su cuerpo, emitiendo calor en todas las direcciones, hacia el pecho y los pulmones, la espalda y el vientre, pero siga con la mente centrada en el estómago y en la sensación de calor que experimenta en él. Lógicamente, si apoya la mano sobre el vientre, ésta le comunicará algún calor, pero aunque no lo haga, puede crear en efecto una sensación de calor con sólo imaginarlo. Tan pronto como su estómago sienta el calor, se relajará.

● Imagine que puede volverse muy pequeño, cada vez más pequeño, hasta que se haga tan diminuto que le esté permitido penetrar en su propio estómago y pasearse por él.

● Figúrese su estómago. Visualícelo como una caverna o una cueva (la precisión anatómica carece aquí de importancia). Imagínese las paredes chorreando de humedad. Es el exceso de ácido que causa sus problemas estomacales.

● Véase a sí mismo recorriendo su estómago con una esponja grande y blanda, muy absorbente, e imagínese enjugando suavemente todo el exceso de ácido que rezuma de las paredes y cubre el suelo. No olvide ningún rincón. Sea concienzudo.

● Cuando haya terminado esta labor, imagine un material aterciopelado, muy suave, y empiece a tapizar el interior de su estómago. Imagine lo calmante que sería tener una capa de seda suave protegiendo el estómago.

● Salga ahora de su estómago. Imagínese que recobra su tamaño normal. Regrese mentalmente al santuario. Relájese por un momento, descansando del trabajo que acaba de realizar. A continuación, abandone el santuario, volviendo por el mismo camino que siguió para llegar a él.

● Cuando cierre la puerta a sus espaldas, arroje la esponja en el arca de madera situada junto a la puerta. Hay que mantener limpio el santuario.

Haga este ejercicio con regularidad. Cuando haya aprendido a relajarse más rápidamente, podrá recorrer las etapas iniciales a más velocidad. No tendrá que pasar por toda la escala de los colores, ya que su mente subconsciente sabrá asociar el violeta con la relajación profunda, con lo cual le bastará pensar en el violeta para entrar en ese estado. Cuando más graves sean sus problemas de estómago, con mayor frecuencia precisará hacer este ejercicio.

Sin embargo, hay una fase que no le está permitido omitir ni abreviar, la fase del perdón. Nunca insistiré lo bastante en su gran importancia. Le dará los mejores resultados y descubrirá que provoca los efectos secundarios más agradablemente positivos. Lo veo con gran frecuencia entre mis clientes que aplican este método. De pronto, empiezan a entenderse con personas que consideraban como enemigas. Se debe a que, cuando se piensa bien de alguien y se le envían sus mejores deseos, se cambia de actitud. Uno se siente más relajado frente a esta persona y lo demuestra. En lugar de encolerizarse, le sonríe. Entonces la otra persona se siente también más relajada y descubre que no necesita mostrarse agresiva, fría o altanera por más tiempo.

Recuerde siempre que la agresividad y el desprecio son signos del miedo y la falta de confianza en sí mismos. Quizá inspire usted miedo a los demás porque es muy estricto, serio y exigente. Modificando su actitud a su respecto, les dará y se dará a sí mismo más oportunidades de vivir en armonía, con lo cual todos vivirán felices. Demuéstreles la magnífica persona que es usted realmente en lo más profundo de sí mismo. Sea un héroe y atrévase a dar el salto que le conducirá al pensamiento positivo. Tiene usted todas las de ganar.

«Me duele la cabeza y la espalda con frecuencia»

También ahora el primer paso consiste en saber un poco más acerca de la causa de esos dolores. Lleve un diario y tome nota de todo lo que ocurra un poco antes o después de que el dolor aparezca. A veces, los dolores de cabeza se deben a una alergia, por ejemplo al chocolate, al queso o al vino. Otro motivo para los dolores de cabeza o de espalda puede ser una postura incorrecta habitual, el sentarse mal o el ejercer una ocupación que exige un gran esfuerzo de la columna vertebral o de los ojos, como escribir a máquina o a mano durante horas interminables.

Son cosas que se remedian fácilmente. No está obligado a ocupar un asiento incómodo para trabajar si eso le da dolor de espalda. Tiene derecho a disponer de los útiles apropiados para su trabajo, y una buena silla es uno de ellos. Insista en obtenerla. Dígale a su jefe que quiere realizar bien su labor, pero que no podrá hacerlo si no cuenta con un asiento adecuado. Si no se preocupa de su propia salud, nadie lo hará por usted.

Pero los dolores de cabeza y de espalda no provienen siempre de problemas nutricionales o mecánicos. Lea con atención su diario. ¿Llega en cada ocasión el dolor del cuello o de la espalda después de haberse enfrentado a una situación particular en el trabajo? ¿Le duele la cabeza cada vez que se ve obligado a hacer algo que teme? Y por trivial que parezca, ¿no empieza a dolerle la cabeza tan pronto como su marido quiere hacer el amor?

El miedo se halla en la base de toda enfermedad. Nos agarrota, nuestro cuerpo se pone rígido, nos «morimos» de pánico. La tensión que crea se manifiesta a través del dolor.

Tal vez piense que carece del apoyo moral o emocional que necesita, que nadie «le respalda». Y eso duele. Al mismo tiempo, se siente demasiado débil para controlar la situación. Le faltan la fuerza y los redaños para mantenerse por sí mismo.

Supongamos que celebra usted regularmente reuniones con su jefe los viernes por la tarde, con objeto de tenerle informado sobre los progresos de un proyecto determinado. Supongamos también que, después de esas reuniones, acaba siempre con dolor de espalda. Suma entonces dos y dos y le salen cuatro, es decir, que es su jefe y el hecho de estar obligado a informarle lo que causa su dolor de espalda. Sin embargo, si examina más de cerca la secuencia de los acontecimientos, observará que el malestar se inicia a una hora mucho más temprana. Dado que sabe que la reunión tiene lugar todos los viernes, le da tiempo a prepararse mentalmente para ella y, a partir de ahí, la suerte está echada. Compruébelo ahora mismo. Cierre los ojos y piense en la próxima reunión con su jefe. Si ese pensamiento le deja indiferente, su cuerpo no reaccionará. En cambio, si teme a la reunión, advertirá en él una reacción física, en forma de una tensión muscular. El grado de tensión dependerá del grado de su miedo. Cuando la tensión traspasa un cierto umbral, se traduce en un síntoma físico en particular, por ejemplo, entre otras cosas, dolor de estómago, de cabeza, de espalda o de cuello. En lugar de decir que su *jefe* es tan molesto como una tortícolis, debería decir que es *usted mismo* quien se causa la tortícolis. La reunión en sí no provoca el síntoma físico, sino que su forma de pensar en la situación decide si se sentirá enfermo después o no.

Vigile sus pensamientos acerca de esas reuniones. Pueden iniciarse ya el martes o el miércoles. ¿Qué se le pasa por la cabeza cuando piensa en el viernes? Permítame conjeturarlo. Será algo así: «No he sido capaz de ver al contratista esta semana. Sencillamente, no me ha dado tiempo a ponerme en contacto con él. Al jefe no le va a gustar». O así: «No estoy seguro de haber tomado una buena decisión. Quizá debí consultárselo al jefe antes de poner en marcha la producción». O bien: «¡Dios mío, vaya humor que tiene hoy! No sé cómo me las arreglaré mañana para decirle que no hemos obtenido el contrato que deseábamos...». O incluso: «Puse todo de mi parte, pero no me fue posible obtener de ese cliente un contrato más favorable. Me preocupa pensar que el jefe va a considerarme un fracaso». Está usted preocupado, está ansioso, se ve a sí mismo como un trabajador mediocre y, muy pronto, su sistema nervioso le sigue y pasa a un humor encapotado y pesimista. Al pensar en ellos con temor, dirige los acontecimientos en un sentido negativo. Fíjese, sin embargo, en como todas las sensaciones físicas desagradables se desvanecen en el aire cuando descubre que su jefe no quiere volver a tener tratos con ese contratista, con lo que, de repente, deja de tener importancia el que haya usted hablado con él o no.

No se deje ganar por las dudas acerca de su propia persona. Las dificultades pueden surgir en cualquier momento mientras se está trabajando en un proyecto. Desde el momento en que pone todo de su parte para resolverlas, no tiene nada que reprocharse.

No se acuse de ineficaz ni permita que otros le acusen, cuando usted sabe que no lo es. Aténgase a las decisiones que haya tomado. Siempre existen diversas formas de encarar un problema, de modo que ha de elegir aquella que le parezca la más apropiada en ese momento. Explique por qué se ha decidido por un camino en particular, pero no se disculpe.

Ciertas personas encuentran que sus dolores de cabeza empiezan tan pronto como se ven frente a una tarea desagradable. Una de mis clientes padecía de migraña siempre que se veía obligada a ir a visitar a la familia de su marido. Resultó que esas visitas la hacían sentirse amenazada, ya que sus cuñadas tenían calificaciones más altas que ella desde el punto de vista profesional y la miraban con desdén.

Un examen más a fondo puso de manifiesto que mi cliente sentía resentimiento contra sus cuñadas por «haber obtenido más de la vida que ella» y, por lo tanto, se negaba a dirigirles la palabra. Bloqueaba en el acto cada intento de sus cuñadas de hablar con ella. O bien las ignoraba o les respondía bruscamente. Poco a poco, sus hermanas políticas empezaron a disminuir sus intentos de hablar con ella, lo que se apresuró a achacar al hecho de que eran unas presumidas. Veía sus temores como si fueran realidad. Una vez firmemente enraizada en su mente la idea de que sus parientes políticos la despreciaban, empezó a sentirse cada vez más ansiosa cuando se trataba de ir a verles. Empezó también a discutir con su marido, que le reprochaba su actitud antisocial y paranoica. Cuando comenzó a sufrir dolores de cabeza cada vez que tenía que visitar a sus cuñadas, no todo era malo en ellos. En lo más profundo de sí misma, le aportaban también un alivio, ya que le daban una excusa para renunciar a la visita.

Le resultó muy difícil abandonar sus sentimientos de envidia, pero era una mujer inteligente y acabó por comprender que su propio complejo de inferioridad creaba la atmósfera desagradable que reinaba durante sus visitas y provocaba sus dolores de cabeza. Una vez que reconoció lo que subyacía en el fondo de su problema, fue capaz de cambiar de actitud y sus dolores de cabeza se desvanecieron. Ahora se lleva muy bien con sus parientes políticos y piensa con placer en visitarles.

Si padece usted de una falta de confianza en sí mismo, dudará de sí mismo. Dudará de ser capaz de alcanzar sus objetivos, dudará del éxito. La duda le hará vacilar cuando debería estar seguro, le hará abandonar cuando debería persistir. La duda es contraproducente. No pierda el tiempo en dudar, empiece a creer. Crea que sabrá hacerlo, crea en sí mismo ciegamente, en vez de perder un minuto más dudando de sus propias capacidades.

NOTA: *Crea en sí mismo.*

Usted es un ser único, un ser importante. Hay una plaza en el mundo que sólo usted puede llenar, nadie más. Aspire a lo mejor. ¿Por qué andar cuando le está permitido volar? Asegúrese de que aprovecha todas sus capacidades en beneficio suyo. Asegúrese de llevar una vida feliz. Cuanta más confianza en sí mismo consiga adquirir, más fácil le será lograr sus objetivos.

Confianza en sí mismo no equivale a presunción. Una persona engreída alardea de sus hazañas de tal modo que incita a los demás a pensar que es capaz de multiplicar los panes y los peces cuando, en realidad, se trata de alguien inseguro de sí mismo o que se niega a reconocer los méritos de los otros. Por el contrario, una persona que tiene confianza no necesita rebajar a sus semejantes. Siente placer al ver prosperar a quienes le rodean con la seguridad que le da el conocimiento de que triunfa en su propia esfera. La envidia y los celos resultan superfluos cuando uno empieza a creer en sí mismo.

Sentir dolores de cabeza cuando la actividad sexual se aproxima es básicamente similar al ejemplo ya citado de mi cliente y sus cuñadas. También en este caso hallaremos pensamientos negativos de temor como causantes de los dolores de cabeza y los problemas sexuales.

Como vimos en el apartado sobre el estrés (pp. 68-88), la actividad sexual sólo es posible con una actitud de relajación. Si por el motivo que sea, considera usted inmoral el hacer el amor, o lo ve como una carga, una amenaza o algo vergonzoso, su mente subconsciente se opondrá a que lo haga. Su cuerpo reaccionará a los pensamientos negativos y «se cerrará», convirtiendo el coito en doloroso o imposible. Esto, naturalmente, contribuye a reforzar sus prejuicios sobre el sexo, su idea de que se trata de algo desagradable, y la próxima vez volverá a ocurrirle lo mismo. Acabará por odiar y detestar la actividad sexual, y los dolores de cabeza se presentarán con regularidad.

Hay muchas mujeres que no se conocen bien en lo que se refiere a su cuerpo. Las acostumbraron desde niñas a pensar que ese cuerpo era algo sucio, algo que, por lo tanto, tenían que lavar periódicamente. Madre e hija se referían raras veces a los fenómenos de «ahí abajo». Se les habló en términos muy breves de la menstruación y el embarazo, y ahí terminó toda su educación sexual. Cuando llega el momento en que la chica tiene su primer periodo, ha comprendido ya que los genitales son un tema tabú y que cualquier pregunta por su parte será acogida con un incómodo silencio. Todo placer físico que se relacione con la sexualidad, aunque sea remotamente, se empareja con el sentimiento de hacer algo malo. No es de extrañar, dada tal atmósfera, que el acto sexual despierte sentimientos de culpabilidad todavía más intensos incluso en las mujeres adultas.

Es la ignorancia la que causa el temor al sexo. Puesto que se ignoran los genitales de la niña, ésta concluye que son una zona prohibida, a la que se supone que no debe mirar. Cuando se toca, lo hace en secreto, a veces sin saber realmente qué parte de los genitales le proporciona placer. Muchas mujeres lo desconocen todo acerca de su propia programación, qué clase de estimulación prefieren, cuáles son sus zonas erógenas y mucho menos lo que desean de un hombre durante el coito.

En realidad, superar esta falta de conocimientos no presenta tantas dificultades como cree. Ahora es ya una adulta. Concédase el permiso de contemplar su cuerpo en un espejo. Fíjese en todos los detalles. Dedíquele todo el tiempo que sea preciso. Es su cuerpo e importa mucho que lo conozca exactamente.

● Mírese los brazos y las piernas, la forma de los hombros y los pechos, el torso y las caderas. Mírese por todos lados y desde todos los ángulos. Habitúese a la forma de su cuerpo. Repita este ejercicio hasta que no experimente ninguna incomodidad. No está haciendo nada insólito, sólo enterándose de cosas sobre sí misma.

● Tome un espejo pequeño y mírese los genitales. No hay razón para que se sienta culpable, al contrario. Ya va siendo hora de que conozca el aspecto de esta parte de su cuerpo.

La actividad sexual es agradable, además de perfectamente normal. No importa nada lo que su madre le haya dicho al respecto. Se ha equivocado otras veces antes, ¿verdad? El sexo forma parte de la vida y proporciona felicidad y, por lo tanto, supone un ingrediente vital para la autorrealización. Si tiene problemas con el sexo, debe solucionarlos. Como son cualquier otra cosa que se proponga, ha de mostrarse paciente. Modificar las actitudes negativas exige su tiempo. Pero persista y, poco a poco, advertirá que los cambios se producen, por improbable que le parezca en este momento.

Cuando se conozca mejor a sí misma y conozca su cuerpo, quizá descubra que tiene necesidades que no están siendo satisfechas por su compañero. Si no actúa como a usted le gusta, deténgale. Si lo que hace es ineficaz, dígaselo..., cariñosamente. *No* saque la revista de debajo de la cama y se ponga a leer para demostrarle que no se interesa por sus actos. El tacto es esencial en la cama, pero no está prohibido hablar. Dígale lo que desea, pero dígaselo sin acusarle u ofenderle, de otro modo le causará tensión, y ya sabemos las consecuencias que esto tiene para el acto sexual...

Si hay algo que le gustaría que él hiciese, intente guiarle suavemente, empujándole, conduciendo su mano o, simplemente, diciéndole lo que quiere. Recuerde que no podrá hacer nada por usted si desconoce sus preferencias.

Tal vez prefiera explicarle de antemano que quiere que intente cosas nuevas. Así se preparará para introducir alteraciones en su rutina sexual mutua y reaccionará con mayor facilidad a sus deseos.

NOTA: *No hay nada malo en manifestar lo que uno quiere.*

Esto se aplica a todas las áreas de la vida, sin excluir el sexo.

GUIÓN

Me siento libre. Estoy lleno de armonía y amor. Me quiero a mí mismo y quiero a mi cuerpo. Me enorgullezco de mi cuerpo y, a medida que lo voy conociendo, me siento mejor cada día.

Cada vez me muestro más positivo respecto a mi persona. Dejo atrás mi pasado y empiezo una nueva vida. Disfruto de mi libertad recién descubierta y miro con confianza hacia el futuro. Mi confianza en mí mismo aumenta diariamente.

Observo entusiasmado lo hermoso que es mi cuerpo. Me hace feliz saber que se abre ahora para mí una nueva área de la vida.

RESUMEN

Conocerme a mí mismo es importante. Amo mi cuerpo y disfruto con su belleza.

«Tengo un tumor, benigno o maligno»

Descubrir que uno tiene un bulto en alguna parte de su cuerpo en que no debería estar supone una experiencia muy perturbadora. Quizá lo descubra por casualidad o acaso se lo detecten durante un chequeo de rutina. De todos modos, la primera palabra que se nos viene entonces a la cabeza es «cáncer», un pensamiento *muy* atemorizador. Hablo por experiencia, ya que a mí me sucedió a edad temprana. Cuando tenía diecisiete años descubrí un bulto en mi pecho derecho. Me quedé horrorizada. Acudí a mi médico de cabecera, quien me aconsejó que me extirparan el bulto y lo analizasen. A su entender, probablemente se trataría de un tumor benigno, pero no quería correr ningún riesgo.

A pesar de sus palabras tranquilizadoras, continué sintiéndome angustiada. Me preocupaba la operación y cómo afectaría la forma de mi pecho. ¿Cómo sería de grande la cicatriz? ¿Me quedaría ese pecho más pequeño que el otro después de la operación? Todas esas interrogaciones parecen triviales cuando se piensa que tal vez padecía una enfermedad tan grave como el cáncer, pero esa posibilidad me parecía a veces tan remota que me entregaba a los temores más inmediatos respecto a los efectos mutiladores de la operación.

Llegó el momento de la intervención, que me hicieron bajo anestesia local, en veinte minutos. Me permitieron volver a casa inmediatamente después y, unos días más tarde, con gran alivio por mi parte, recibí el informe de que el tumor era benigno. La herida curó bien y dejó una cicatriz apenas visible en la actualidad.

Quince años más tarde, descubrí otro bulto, pero esta vez realmente grande, como mínimo de un tamaño tres veces superior al primero. Aunque sabía que, lo mismo que el primero había sido benigno, también el presente lo sería con toda probabilidad, me asustó comprobar sus proporciones. Para extirpar *este* bulto, tendrían que quitarme medio pecho y, a partir de entonces, quedaría contrahecha.

Durante unas semanas, no me atreví siquiera a consultar a mi médico. Sin embargo, las consecuencias me asustaban hasta tal punto que me armé de valor y fui a su consulta. Cuando me examinó el pecho, confirmó mi idea de que las probabilidades de que el nuevo tumor fuera maligno eran mínimas y, por consiguiente, no veía ninguna razón para extirpar el bulto de momento. Me sentí aliviada hasta cierto punto, pero me daba la impresión de llevar conmigo una bomba de relojería, a punto de estallar en cualquier instante, convirtiendo en maligno mi tumor. Me hubiera gustado deshacerme de él, pero no al precio de perder la mitad de un pecho.

Empecé entonces a luchar mentalmente contra el tumor. Decidí que ese bulto suponía una añadidura indeseada a mi cuerpo y que no lo quería. Imaginé que el tumor era como un globo de goma negra. Mentalmente, le di fuertes puntapiés, una y otra vez, hasta que se puso en movimiento y terminó por ser arrastrado a un canal de desagüe, desde el que fue expulsado al exterior.

La imagen me hizo reír, ya que provengo de una familia en la que no se admitía que hubiera globos por el suelo a los que dar puntapiés, sobre todo si uno era una chica. Me pareció en cierto sentido como rebelarme contra mis padres y disfruté mucho con esta sensación. Mentalmente, le di puntapiés a la goma una y otra vez y, al cabo de unas semanas, advertí que el tumor había disminuido de tamaño. Continué mi fantasía durante dos semanas más, y el tumor desapareció. Sin saberlo, había empleado una técnica de pensamiento positivo.

Naturalmente, carezco de pruebas científicas de que fueron mis esfuerzos los que provocaron el cambio. Quizá el bulto hubiera desaparecido de todos modos por sí mismo. Sin embargo, está demostrado que el pensamiento influye sobre lo que ocurre en el cuerpo. En la actualidad, poseemos los medios técnicos precisos para demostrar sin ninguna ambigüedad que los procesos químicos de la sangre experimentan cambios que pueden ser dirigidos a voluntad por las cosas que imaginamos. Por ejemplo, se emplean las máquinas de *biofeedback* (biorretroalimentación) para enseñar a una persona a controlar su tensión sanguínea, el ritmo de su corazón o su producción de ácidos gástricos, es decir, a controlar reacciones que, en condiciones normales, no se hallan bajo control voluntario. Para controlar la presión sanguínea, se conecta al sujeto a la máquina de biofeedback y se le dice que deje vagar su mente. En el momento en que la presión sanguínea del sujeto baja de un nivel determinado, se enciende una luz intermitente. Esto proporciona al sujeto una retroalimentación inmediata, permitiéndole analizar lo que estaba pensando en el momento en que bajó la presión. La repetición de esos pensamientos mantendrá la presión baja.

El pensamiento positivo influye también sobre el funcionamiento del cerebro. Esa influencia puede medirse mediante un electroencefalograma (EEG), que registra la pauta de ondas eléctricas emitidas al minuto por el cerebro. Durante la meditación o durante los ejercicios de relajación, se producen cambios de esa pauta. El cerebro produce entonces ondas alfa, similares a los ritmos emitidos durante el sueño, más regulares que las ondas características del estado normal de vigilia.

Cuando los pensamientos provocan emociones fuertes, las consecuencias físicas son todavía más marcadas. Dos hermanas, de ocho y diez años, fueron dejadas solas en una habitación en la que había una pantalla de cristal que era espejo por sólo una de sus caras y que daba a otra habitación donde se hallaban sus padres. Las niñas podían ver a sus padres, en cambio los padres no podían verlas a ellas.

Ambas niñas padecían de diabetes, la mayor en un grado grave, la menor en un grado benigno. Mientras veían a sus padres en la habitación de al lado, los procesos químicos de su sangre permanecían controlados. No obstante, cuando los padres empezaron a discutir entre ellos, esos procesos se modificaron de un modo tan espectacular que la diabetes de la más pequeña se convirtió temporalmente en grave. Los niveles más altos persistieron largo tiempo después de que las niñas vieran que la disputa entre sus padres había terminado.

El conocimiento de la existencia de un vínculo tan estrecho entre la mente y el cuerpo condujeron a la creación de técnicas que capacitan a los enfermos para influir sobre su cuerpo de manera beneficiosa y les ayudan, por lo tanto, a combatir su enfermedad. Las clínicas de oncología llevan usando estas técnicas desde hace muchos años, con algunos resultados asombrosos.

Personalmente, puede usted decidirse por la terapia convencional, como la radioterapia y la quimioterapia, y emplear las estrategias mentales sólo como apoyo. Cualquiera que sea su decisión, tiene el deber para consigo mismo de favorecer la eficacia del tratamiento convencional, fortaleciendo sus mecanismos físicos de defensa mediante los poderes de su mente subconsciente. Movilice sus fuerzas internas. Devuelva su cuerpo a un estado de armonía.

● Asegúrese en todo momento de estar al tanto de sus condiciones. No ignore ningún abultamiento. Consulte a un especialista para enterarse de su naturaleza.

● Obtenga toda la información posible sobre las diversas formas de tratamiento. Averigüe cuáles son los efectos secundarios que pueden esperarse de ellos, ya que prevenir equivale a armarse de antemano.

● Empiece enseguida los ejercicios de relajación. Le ayudarán a superar los posibles efectos secundarios con mayor facilidad, con lo que su sistema inmunitario trabajará con más eficacia.

● Decida el modo en que quiere eliminar el tumor. ¿Cómo atajará ese tumor en sus pulmones o esa mancha en la piel? Puede restregarlo, quitarlo con un cortafrío o un escoplo, dispararle hasta que se resquebraje y se derrumbe. Puede pisotearlo hasta dividirlo en pequeños fragmentos y arrojar éstos al mar.

● Encuentre una actividad física que le parezca eficaz. Cualquiera que sea esa actividad, ha de ser satisfactoria y regocijante. Ha de causarle una sensación de triunfo. No elija un modo de ataque que le aburra, ya que eso perturbaría el proceso de curación.

● Si cree que le gustaría contar con la ayuda de otras personas en su imaginación, invéntese algunos colaboradores. Pueden ser gigantes o encargados de mantener el orden, personas reales o personajes fantásticos. Intégrelos en su estrategia de combate, véales ayudándole en sus esfuerzos por destruir el tumor.

Supongamos que ha escogido ver esa mancha que tiene en el pulmón como un enorme bloque negro de hormigón y que va a utilizar un martillo y un cincel para destruirlo. He aquí cómo ha de hacerlo:

● Empiece por relajarse, cosa de importancia capital, ya que ayuda al cuerpo a entrar en equilibrio, ejerciendo ya por sí mismo un efecto curativo.

● Imagine que el enorme bloque negro se alza frente a usted. Imagínese tan fuerte como Hércules. Véase armado con el martillo y el cincel. Empiece por un extremo del bloque y golpéele con el martillo. Vea aparecer las primeras grietas, vea saltar las primeras esquirlas y como caen al suelo. Continúe hasta que haya desmenuzado todo el bloque.

● Mentalmente, haga chasquear los dedos para hacer desaparecer los escombros. Imagine que se los lleva un gran camión y los descarga en un vertedero o haga caer sobre ellos una lluvia torrencial que los arrastre.

● Experimente la satisfacción de su triunfo. Siéntase orgulloso de sí mismo.

● Repita este ejercicio *por lo menos* diez veces al día. ¡Por lo menos! También puede ayudarse leyendo el guión siguiente:

160

GUIÓN

Mi cuerpo es fuerte y sano. Todos mis músculos y mis órganos funcionan en perfecta armonía.

El amor llena todo mi ser y disuelve cuanto resulta perjudicial para mi salud.

Todo mi cuerpo rebosa de paz y armonía, desde la punta de los pies hasta la parte superior de la cabeza. La salud y el bienestar ocupan todas las células de mi cuerpo. El amor que siento en mi interior es tan potente que se impone a todo mi ser.

Estoy lleno de armonía. Creo la armonía. Soy armonía.

RESUMEN

Cada célula de mi cuerpo está llena de amor y de armonía. El tumor se desvanece. Estoy curado.

«Tengo problemas de piel»

Los problemas de piel como el acné, el eccema o la psoriasis, indican que hay un desequilibrio en su metabolismo. Su metabolismo está influido por la alimentación, pero también por el modo en que se enfrenta a la vida en general.

En primer lugar, examine lo que está comiendo. ¿Sigue usted una dieta constituida por todas las patatas fritas que le sea posible comer, acompañadas por un par de Coca-Colas y unas cuantas tabletas de chocolate para llenar los huecos que le quedan en el estómago?

Estoy segura de que sabe muy bien que este tipo de alimentación no sólo es poco saludable, sino que entorpece su metabolismo de tal forma que le impide hacer bien la digestión. No se desembaraza de las sustancias que deberían ser excretadas, sino que permanecen en su cuerpo. Ahora bien, como en alguna parte han de depositarse, van a parar a la piel.

El grado en que los hábitos alimentarios afectan al individuo depende de su naturaleza. Hay personas capaces de pasarse el día comiendo chocolate sin mostrar ningún efecto adverso sobre la piel, mientras que a otros les basta mirar un bizcocho bañado en él para llenarse de granos. ¿Por qué se dan esas diferencias tan señaladas?

Hemos visto en capítulos anteriores que el funcionamiento del cuerpo depende de lo que metamos en él. Con esto no me refiero sólo al alimento, sino también al tipo de nutrición mental. La calidad de nuestros pensamientos determinará el grado de salud de que gozamos. Los pensamientos positivos crean emociones positivas y, en último término, buena salud. Los pensamientos y las emociones negativas «estriñen» tanto la mente como el cuerpo. Si está usted bien equilibrado en el aspecto emocional, tendrá buena salud. Su equilibrio mental mantiene su cuerpo en perfecto funcionamiento, de modo que el tipo de alimentos que solemos calificar de «porquerías» se elimina con facilidad, con tal de no ingerirlo en grandes cantidades.

Cosa muy interesante, no son las personas emocionalmente estables los que toman grandes cantidades de grasa y de dulce, sino los que tienen problemas emocionales, lo cual sugiere que nuestros hábitos alimentarios dependen de nuestro estado mental. Explico también por qué es más fácil guardar un régimen cuando uno es feliz y casi imposible cuando se está en baja forma.

Si compara su sistema digestivo a un recipiente previsto de un drenaje que sólo se abre cuando esté usted relajado, diremos que las personas equilibradas conservan esa válvula en funcionamiento y, por consiguiente, pueden permitirse echar sustancias insanas en su interior, mientras que las personas desequilibradas acumulan sustancias venenosas en un recipiente con la válvula obstruida. El nivel de veneno va subiendo gradualmente hasta que se desborda por la parte superior de la vasija. Surgen entonces los sarpullidos, el eccema y otros problemas de la piel.

También el estrés perturba el metabolismo. Cuando estamos sometidos a una tensión continua, nuestro cuerpo no funciona como es debido. La digestión se perturba, no a causa de una alimentación dañosa, sino a causa de una incapacidad física de trabajar normalmente. Un estómago en tensión no funciona con normalidad e incluso puede poner también en tensión los intestinos.

La piel es el espejo del alma, la pantalla exterior donde se proyecta la película representada en el interior. Cuando uno no está en armonía consigo mismo, cuando no se aprueba a sí mismo, la piel lo pone de manifiesto.

Dejando aparte los cambios hormonales que se producen durante la pubertad, el miedo a la propia sexualidad puede ser muy bien la causa del acné en este periodo. El sujeto trata de reprimir unas sensaciones que le asustan porque son nuevas e intensas. Intenta evitar que se le impongan, pero no lo consigue. No logra rechazarlas y por eso afloran a la piel.

El eccema constituye un desorden que se presenta a veces como consecuencia de verse degradado y humillado. Humillar a alguien compensa las humillaciones sufridas en la juventud. Sólo es posible transmitir lo que uno conoce y, si las palabras amar y comprender no forman parte de su vocabulario, nunca podrá emplear el lenguaje del amor. La burla es el arma de una persona emocionalmente impotente. Si rebaja usted a alguien, le hace sentirse pequeño y avergonzado, suscitando al mismo tiempo el odio y la oposición en esa persona, ya que está destruyendo su dignidad. Por eso no da resultado humillar a alguien para darle una lección o para que cambie de conducta. Para obtener cooperación, hay que negociar con el otro en una forma que sea aceptable para ambas partes. Quizá fuerce a un niño a que cese de pegar a su hermano pequeño humillándole, pero sólo conseguirá que, tan pronto como vuelva usted la espalda, empiece de nuevo. Así que, en realidad, no le ha enseñado nada a su hijo, al contrario. Al dañar su dignidad, deja de ser dueño de sí mismo y pierde el poder de controlarse. Para recuperar el respeto por sí mismo, tiene que demostrarse que todavía le queda algún poder, y la única persona más débil que él es su hermanito, el último de la escala de la fuerza. Pega, pues, a su hermano por principio.

El sentimiento de hallarse sometido sin esperanza a un padre tirano lleva a la agresión, la frustración y el miedo. Como se supone que nadie odia a sus padres, el niño se siente culpable por sus sentimientos negativos a su respecto, y éste intensifica progresivamente su conflicto interior. Desea querer a su padre, pero se ve rechazado; siente entonces ira, pero no le está permitido demostrarlo si quiere asegurarse el amor paterno. Haga lo que haga, estará siempre mal.

Si ha sido usted educado en estas condiciones, le diré lo siguiente:

- los demás tienen que *ganarse* su amor;
- nadie tiene un derecho automático a su amor;
- esto es verdad tanto en lo que se refiere a los padres como en lo que se refiere a otras personas.

El que sus padres sean sus padres no quiere decir que tengan derecho a abusar de usted y esperar que, aun así, les seguirá queriendo. *No es usted un neurótico sólo porque no le gusta que le pisoteen.*

Los conflictos internos provocan tensión, y esa tensión ha de ser descargada por un medio o por otro. Si la piel es su punto débil, será allí donde la tensión saldrá a la superficie.

GUIÓN

Soy una persona fuerte y positiva. Soy animosa y me siento segura al saber que el núcleo de mi personalidad es sano e invulnerable.

Nada me perturba. Me amo a mí misma y amo a los demás. Me acepto y permanezco abierta a todo lo nuevo. Acepto mi sexualidad como parte de mi persona.

Formo un todo saludable y feliz. Puedo ver mi piel suave, limpia y clara.

Una intensa sensación de tranquilidad se extiende por todo mi cuerpo y disuelve toda tensión.

Mi actitud mental positiva acelera el proceso de curación. Mi piel refleja mi nueva actitud. Estoy tranquila y relajada. Siento que el amor y la felicidad se extienden por mi cuerpo y por mi mente. Mi piel está clara.

RESUMEN

Soy fuerte y positiva. La tranquilidad invade mi mente y tengo la piel sana.

O bien:

El núcleo de mi ser se conserva intacto. Mi piel está clara.

«Me van a hospitalizar»

El hecho de entrar en un hospital presenta dos aspectos: en principio parece aterrador, pero también puede ser deseable. A veces, supone una vía de escape para el estrés y las presiones de la vida diaria. El hospital puede ser visto como un lugar de refugio, lo mismo que la enfermedad que lleva a él puede ser también al principio un refugio.

Los problemas físicos son siempre el signo de una falta de armonía emocional. No vivir los propios sentimientos crea tensión. La tensión provoca, a su vez, agresividad y, si ésta no se descarga de alguna manera, se vuelve hacia el interior, donde pasa a la enfermedad mental y física.

Muchos problemas físicos nos los creamos subconscientemente nosotros mismos para protegernos contra el sufrimiento que nos causa algo. Si una mujer comisquea sin cesar, tal vez se lamente al verse gruesa y poco atractiva, pero dispone de una excelente barrera defensiva si quiere evitar tener relaciones sexuales con un hombre. Le resultará completamente imposible ponerse a régimen y perder unos kilos por la simple razón de que, en su subsconsciente, no lo desea.

En el extremo opuesto del espectro, se sitúa la anorexia. Aunque sea todo lo contrario que el comer con exceso, sirve al mismo propósito. Depauperando su cuerpo, sólo conservará un estricto mínimo de feminidad. Cuanto más delgado esté su cuerpo, más pequeños serán sus pechos y menos peligro correrá de atraer la atención del sexo opuesto.

La enfermedad supone también un medio de atraer la atención. De niño, experimentó la satisfacción de ver a su madre deshacerse en atenciones cuando usted enfermaba. Sus amigos venían a visitarle, recibía pequeños obsequios, permitían que el gato se subiese a su cama y le preparaban todos los platos favoritos. Así aprendió que estar enfermo es gratificante y no lo ha olvidado, así que ahora, cuando le abruman los problemas y no ha aprendido a encararlos como un adulto, elige subconscientemente otro camino. Contrae una enfermedad y, a menos que el deseo de vivir le induzca a cambiar de actitud, acabará por aterrizar en un hospital, donde se le liberará de toda responsabilidad. A partir de ese momento, sea lo que sea de usted, es cosa de los médicos... O por lo menos, así lo piensa.

La estancia en el hospital dejará mucho tiempo a su disposición. Aprovéchelo convenientemente. Empiece a practicar la relajación, con regularidad. Cuando regrese a casa, no dispondrá de ese tiempo. Se le ofrece la única oportunidad de cambiar su modo de ver las cosas.

Empiece por ocupar su mente con los resultados que quiere alcanzar. No malgaste el tiempo pensando en los problemas que quizá se alcen en el camino hacia su objetivo. Si ha sufrido un infarto y le es imposible mover el brazo y la pierna izquierdos, véase de vuelta en el hogar, jugando a la pelota con sus hijos, utilizando fácilmente ambos brazos, corriendo sin esfuerzo. Nadie puede obligarse a entregarse a pensamientos atemorizadores, de modo que, si no le agradan, reemplácelos por otros constructivos de salud y felicidad. Tan pronto como se sorprenda cayendo en pensamientos tristes y sombríos, córtelos de raíz y superpóngales una imagen positiva de salud. *Insista* en que va mejor. Recuerde siempre esta meta. Siempre.

Deje de achacar a los demás la culpa de lo que le sucede. Ponga en orden toda esa chatarra emocional que viene arrastrando. Deshágase del resentimiento, el odio y la envidia. Adopte una actitud abierta, impóngase la obligación de ver los buenos aspectos de sus semejantes. Decida que, a partir de ahora, estará satisfecho de sí mismo y de ellos. Perdónese y perdone a los demás por todo lo que haya sucedido en el pasado y parta otra vez de cero. Derribe las viejas barreras y deje lugar para unas posibilidades asombrosamente nuevas. Sorpréndase a sí mismo.

Deje que salga a la superficie su verdadero yo, la persona superior que sabe que es en realidad. Abandone todas las cargas emocionales que ha venido soportando durante años. No forman parte de su verdadero ser y sólo sirven para frenarle. Considérese fuerte y positivo, véase como el creador de su propio destino, ya sea en lo que se refiere a la salud, la riqueza o la enfermedad.

Si tiene que someterse a una operación, prepare una grabación que pueda escuchar durante ella y, más tarde, durante el periodo de recuperación (véase el guión de la p. 167). Algunos hospitales han empezado ya a utilizar este método. Mientras se lleva a cabo la operación, se le pasa al paciente una cinta a través de auriculares. La cinta contiene mensajes destinados a lograr una recuperación rápida, y la mente subconsciente los registra mientras el sujeto está bajo anestesia. Se ha demostrado que los pacientes a quienes se hace escuchar esas cintas se recuperan más rápidamente y padecen menos de náuseas y depresión después de la intervención.

No se deje abatir por pronósticos pesimistas. Que su médico no vea posibilidades de que mejore no quiere decir que no existan. Sólo quiere decir que a él se le han agotado los métodos. Hay un gran número de ejemplos de personas desahuciadas por los médicos y que se curaron definitivamente.

Por ejemplo, se le dijo a un hombre que sólo le quedaban dos meses de vida. Al oír esta sentencia de muerte, permaneció un momento en silencio. Luego se echó a reír. De pronto se había dado cuenta de lo ridículamente insignificantes que eran todas las cosas por las cuales había pasado la vida preocupándose. Todos pensaron que la desesperación le había enloquecido. Pero ese hombre regresó a su casa y empezó a vivir una nueva vida. Cambió el orden de sus prioridades, prefiriendo disfrutar a preocuparse..., y se recuperó por completo. Los médicos fueron incapaces de explicar esta recuperación.

Siempre es posible curar, a condición de no bajar la guardia. Lleva en su interior el fármaco más poderoso: su creencia en la recuperación. Como dice la Biblia: «Hágase en vosotros según vuestra fe». Le bastará con atizar esa creencia gracias al poder del pensamiento positivo y dejar el resto a la naturaleza. Como de costumbre, su mente subsconciente pondrá crédulamente en práctica lo que le haya enviado en forma de imágenes.

Las imágenes saludables crean la salud. Uno se atrae aquello en lo que piensa con intensidad. Sus palabras son el «ábrete sésamo» que elimina los obstáculos y derriba las barreras. Sus pensamientos constituyen el medio con que cuenta para derribar montañas.

Guión

Mi cuerpo rebosa de salud y fuerza. Mi mente se centra en la recuperación, mis pensamientos están llenos de optimismo y felicidad.

167

Desde ahora, pasaré mucho tiempo pensando en mis propósitos. Las fuerzas curativas naturales que existen en mi interior han empezado a trabajar, armonizando el conjunto de mi ser, generando una enorme cantidad de energía que me ayuda a alcanzar mi objetivo.

Puede verme a mí mismo claramente como una persona sana, que disfruta de la vida. Mis pensamientos positivos me atraen todo lo que es bueno y saludable.

Me recupero rápida y fácilmente. Gracias por encontrarme bien de nuevo.

RESUMEN

Me recupero rápida y fácilmente. Tengo fe en los poderes curativos de mi mente. Estoy protegido por los dioses.

Los celos y la envidia

● Me perturba mucho ver a mi novia hablando con otro hombre.

● Me encuentro fea. Envidio a todas las mujeres guapas.

● Me molesta enormemente que el coche de mi marido sea más pequeño que los de sus compañeros.

● Somos una pareja de personas liberadas, pero me cuesta trabajo soportar que mi novio tenga aventuras.

● Soy la segunda mujer de mi marido. Siento celos de su primera familia, ya que le concede demasiada atención.

Los celos se deben al afán de poseer a otra persona. No tienen nada que ver con el amor, sino con el deseo de cimentar nuestro susceptible ego atrayéndonos la atención no compartida de nuestra pareja. La pareja se convierte en la dispensadora de amor, y la persona celosa sólo puede ser feliz cuando recibe atención cada segundo del día y, aun así, nunca tiene bastante.

El celoso es un egoísta integral, que no se interesa en absoluto por las necesidades de su pareja. Piensa que la ama, ya que se deshace en atenciones con ella, pero su comportamiento tiene poco que ver con el cariño. No confía en su compañero y sospecha siempre una aventura cada vez que regresa tarde de su trabajo.

En los casos extremos, será capaz de ir hasta el fin del mundo con tal de averiguar lo que hace su pareja. Los celosos se obsesionan con el pensamiento de que su pareja pueda encontrar a alguien más atractivo y que les abandone, por lo cual registran su ropa y su cartera, leen su correspondencia, llaman a la oficina para comprobar si se encuentra en ella, llaman a su casa por teléfono de noche cuando salen de viaje... Incluso llegan a contratar un detective privado para seguirla. Y aunque el detective les asegure que nada sucede, no le creen. Padecen un complejo de inferioridad tan grande que no alcanzan a concebir que su pareja quiera seguir con ellos. No existen palabras capaces de convencerles de su lealtad, y toda la atención del mundo no basta para sosegarles. Son como un pozo sin fondo que se intenta llenar con amor y comprensión constantes, con el único resultado de tener que empezar de nuevo al día siguiente porque se ha quedado vacío.

La consecuencia de una conducta semejante es obvia. Cosechará lo que haya sembrado. Abrumar de sospechas a una persona termina por hacer que las sospechas se conviertan en realidad. Si su pareja encuentra imposible convencerle de su inocencia, se hartará y saldrá efectivamente en busca de una aventura. Por lo menos, la acusará con algún motivo. Si quiere usted destruir sus relaciones, los celos serán el camino más seguro para lograrlo.

La envidia se asemeja a los celos, con la diferencia de que versa sobre las posesiones o las circunstancias de otras personas, a las que el sujeto considera en posición más elevada, mejores, más ricas o mejor orientadas que él. La felicidad depende no sólo de la posesión de ciertos objetos prestigiosos, sino también de aparecer como la persona que disfruta de lo mejor. Así fue como se inventó el juego de no «quedarse atrás de los Pérez». La envidia depende de la presencia de otros. Jamás existiría en una isla desierta, ocupada por un solo náufrago.

No se trata de que *se necesite o no* el último modelo de cortacéspedes, sino de que no se puede soportar ver al vecino repasando su jardín con él. Nos pone enfermo descubrir –por lo menos, creer descubrir– la sonrisa de superioridad en su cara mientras corta la hierba.

Si sufre usted de envidia, probablemente será una de esas personas a las que nos hemos referido y que emplean con frecuencia la conjunción «si». «Sería feliz si ganase más dinero.» «Sería feliz si tuviese una casa mayor.» No, no lo sería, ya que, tan pronto como sus amigos alcanzasen su nivel, comenzaría a utilizar el si de nuevo. La envidia coloca al envidioso en una posición de perdedor, puesto que, por mucho que uno tenga, siempre encontrará a alguien más rico y mejor situado.

Es posible también que envidie el estilo de vida de otra persona. Su amiga se permite el lujo de salir prácticamente todas las noches porque está soltera. A usted le es imposible porque está casada y tiene que cuidar a los niños. ¿No será ése el motivo de que no proteste cuando oye a alguien hacer una observación maligna sobre el modo de vivir de su amiga soltera? La murmuración no es otra cosa, en muchos casos, que el cuento de la zorra y las uvas.

Los celos y la envidia son los enemigos mortales de las relaciones. Actúan como venenos que ofuscan la mente y distorsionan la percepción. Por regla general, esa actitud proviene de los padres y tiene su origen en una carencia fundamental de confianza en sí mismo, que necesita compensarse con una acumulación de posesiones, ya sea de objetos, o de personas.

«Me perturba mucho ver a mi novia hablando con otro hombre»

Un hombre de veintiséis años, el que me referiré llamándole John, vino a verme convencido de que sus celos amenazaban la estabilidad de sus relaciones con su novia. No era la primera vez que esto ocurría. Sus dos noviazgos anteriores habían terminado en un desastre a causa de su actitud. Lo admitía.

Según me refirió, cuando empezaba a salir con una chica, todo iba bien, puesto que, en ese estadio, se sentía razonablemente despreocupado. Al cabo de cierto tiempo, sin embargo, el antiguo problema reaparecía y comenzaba a resentirse al verla dedicar tiempo a sus amigas, aun en el caso de que hubiera sido él quien las hubiera invitado a unirse a ellos. Las cosas empeoraban todavía si ella pretendía pasar algún tiempo a solas, o si hablaba con otros hombres. Eso suscitaba en el acto en su interior el pensamiento de que ya no le quería.

La presionaba entonces para que se viesen a diario, a fin de asegurarse de que todavía se interesaba por él. Como acudía a su casa prácticamente todos los días, y como ella no quería descuidar a sus amigos, les invitaba a que les acompañasen, pero esto le hacía sentirse de nuevo abandonado, arrinconado y confuso. Por una parte, la chica decía que le quería, pero, por otra, le parecía recibir mensajes contradictorios, ya que no ocupaba todo el tiempo el centro de su atención. Comprendía que los celos eran la base de sus problemas y afirmó que quería salvar sus relaciones y que estaba dispuesto a cambiar, con tal de saber cómo hacerlo.

Cuando las circunstancias despertaban sus celos, se sentía impotente. Era casi como si viese una película que ya había presenciado cientos de veces. Se sabía las secuencias de memoria y no parecía existir ningún medio de evitar que esos sentimientos le invadiesen. Los celos se habían convertido en algo connatural, fuera de control.

La información más importante, con mucho, entre todas las que John me proporcionó era el hecho de que, aunque quizá fuera cierto que su novia «no quería a nadie más que a él», sin embargo concedía su atención a otras personas, en particular a otros hombres. John me dio con esta frase la clave del problema. Su mente subconsciente le enviaba sin cesar un mensaje: tan pronto como empezase a encariñarse con alguien, corría el peligro de verse rechazado. Cuanto más se interesaba mayor se hacía su miedo al rechazo y con más ardor trataba de retener a su novia.

Como vimos en la primera parte, en el capítulo sobre la mente subconsciente, esos mensajes tienen su origen en el pasado, de modo que, cuando John y yo empezamos a hablar de su niñez, descubrimos que sus padres les habían dejado, a él y a su hermano menor, a cargo de una familia extraña, ya que aquéllos tenían que trabajar para sostener a su familia y no disponían de tiempo para ocuparse de los niños. Al cabo de cinco años, cuando ya se sintieron seguros desde el punto de vista financiero, recogieron a sus hijos y se los llevaron a casa. Pero, cosa muy natural, para aquel tiempo los niños se habían acostumbrado a su familia adoptiva y no querían abandonarla. Lloraron y gritaron, pero se les dijo que estaban obligados a irse con aquellas personas desconocidas y, finalmente, les forzaron a hacerlo.

Esta experiencia traumática, unida a los sentimientos de miedo y ansiedad por tener que abandonar a sus queridos padres tutelares, se grabó en la mente de John a aquella edad temprana. Dado que los niños se echan siempre la culpa de todo cuanto les sucede, John dedujo subconscientemente que no merecía el amor de sus padres tutelares. De otro modo, no permitirían que se le llevasen unas personas a las que apenas conocía. John quería a su familia adoptiva, pero pensó que ésta le rechazaba porque había hecho algo malo. Este sentimiento fue reforzado más tarde por su verdadero padre que, furioso de que su hijo no le quisiese y aceptase, le dijo que era malo y comenzó a pegarle por los motivos más insignificantes.

La confianza de John en sus semejantes y en sí mismo quedó casi destruida por completo. Aun después de independizarse de su familia, la histeria pareció repetirse. Su falta de confianza en sí mismo atrajo a chicas a las que les ocurría lo mismo y que, por consiguiente, no podían ayudarle a curar su ego herido. Al mismo tiempo, su actitud celosa las abrumaba, hasta el punto de que terminaban por sentir deseos de escapar de él. O tendían a abandonarle por otro, convirtiendo en realidad sus peores miedos.

Le llevó mucho tiempo descubrir el modo de liberarse de estos complicados sentimientos, pero acabó por conseguirlo, gracias a sus propios esfuerzos. Hace dos años que sigue con la misma chica, y ambos se llevan muy bien.

GUIÓN

Soy una persona merecedora de amor, una persona atractiva, y las demás disfrutan en mi compañía. Confío en mí misma y en mis capacidades y creo que soy digna de amor. Mi creencia me da fuerza, y esta fuerza interior me permite confiar en mi pareja. Disfruto con nuestras relaciones y encuentro fácil dejar que mi pareja se exprese libremente. Soy feliz al verla tan a gusto y tan libre de cuidados. Mi confianza en mí misma contribuye a que nuestra relación prospere. Mi trato es fácil y soy feliz.

RESUMEN

**Tengo confianza en mí misma y mi trato es fácil.
Confío en mí mismo y en mi pareja.**

«Me encuentro fea y envidio a todas las mujeres guapas»

Este pensamiento nos asalta por dos motivos. O bien nuestro enamorado acaba de abandonarnos o bien nuestros padres –u otra persona cualquiera– nos dieron la impresión en la infancia de que nos juzgaban feos y hemos conservado esa creencia desde entonces.

Cuando uno piensa que todo va bien con su pareja y, de repente, ésta le abandona, supone una herida muy considerable para el ego. En lo que a usted se refiere, todo iba bien hasta que, un día, llegó a casa y encontró una nota del otro diciendo que no volvería porque había conocido a alguien de quien se había enamorado o porque no quería seguir atado (lo que, en muchos casos, viene a ser otra manera de decir que ha conocido a otra persona).

Una vez encajado el golpe inicial, empezará usted a preguntarse en qué se ha equivocado. Siempre se habían llevado bien, nunca tuvieron discusiones serias, su marido no se quejó nunca de nada, y ahora la abandona. Y cae en la explicación infantil «la culpa tiene que ser mía», lo que constituye una regresión temporal a los primeros años de su vida. A pesar de la evidencia deslumbradora de lo contrario, se siente culpable. Se reprocha por haber sido tan ingenua para pensar que podía retener a un hombre como él a pesar de sus escasos atractivos. Le causa horror salir a la calle y ver a todas esas muchachas jóvenes, tan bonitas, cuya agradable apariencia nunca le había molestado. Pero ahora se siente rechazada y las mira con otros ojos. Las mira con los ojos de su ex marido y, cada vez que ve a otra mujer, se pregunta involuntariamente si ése es el tipo que él prefiere, si ésa es la apariencia que le atrae. De pronto, le da la impresión de que toda la ciudad está superpoblada de bellos cisnes y de que usted es el único patito feo del estanque.

Se sentirá desdichada, no cabe duda. Ahora bien, eso no es nada comparado con lo que siente la mujer que se había creído fea durante toda su vida. Tan pronto como encuentre a otro hombre, recobrará los ánimos, rechazando todos sus pensamientos negativos anteriores acerca de su apariencia y considerándose de nuevo atractiva, cosa que le será imposible si ha crecido con la idea de no ser guapa, de que se trata de algo irremediable y de que sólo las personas vanidosas se preocupan por la propia apariencia. El problema resulta entonces mucho más complicado. Sometida a esos mensajes desde muy pronto, acabaron por enraizarse firmemente en su mente subconsciente. Si cree en la primera y la segunda parte, creerá también en la tercera.

No importa lo que nadie le diga más tarde en la vida, seguirá aferrada a lo que le inculcaron primero. Es como si ese primer mensaje negativo se hubiera encapsulado en su mente, sellándolo después para impedir que se le añada ninguna información. Mientras que no se modifiquen esos antiguos mensajes, dominarán su vida. Por lo tanto, es necesario abrir la cápsula, sacar el mensaje y estudiarlo cuidadosamente para determinar su grado de validez.

Empecemos por examinar la afirmación: «No eres guapa». Tenga muy en cuenta que la belleza está en los ojos de quien contempla. La belleza es relativa. El que a su madre le gustasen los niños gordinflones, cuando usted era delgada, no significa que fuese fea. Sólo significa que su madre prefería los niños gordinflones. Pregunte a cien hombres si les gustan las mujeres esbeltas o las mujeres rellenitas. El 50 % le dirá que se inclina por las esbeltas, mientras que el otro 50 % asegurará que les agradan con alguna sustancia. Por lo tanto, no importa realmente el que sea usted delgada o gruesa, ya que siempre habrá alguien que se interese por *usted*..., con tal de que no se pasee con un letrero en la frente que diga: «¡Mírame que facha soy!».

Nota: *Es imposible gustar a todo el mundo, pero se puede uno matar intentándolo.*

En cuanto a la segunda parte —«se trata de algo irremediable»—, es pura basura... Pues claro que *se puede* remediarlo. Basta con presentarse bajo el aspecto más favorable. ¿Ha visto alguna vez a una modelo sin maquillaje y con el pelo mojado? No resulta nada impresionante y se parece mucho a la chica que vive en el apartamento de al lado. En resumen, nada del otro jueves.

Siendo una mujer, goza de la ventaja de poder utilizar cosméticos en el caso de que lo desee. No necesita exagerar. Estudie su cara. ¿Cuáles son los rasgos que la favorecerán si los hace resaltar? Dedique algún tiempo a ensayar. Vea cómo queda su cutis con un poco de maquillaje, qué tal le sienta una ligera sombra en los párpados. Aplíquese una crema base y observe la diferencia. Pruebe a pintarse los labios. Pida ayuda a una amiga cuyo juicio respete y que sepa cómo maquillarse bien.

Fíjese en su peinado. ¿Mejoraría si lo cambiase? Intente algo nuevo. Si se permitiese a sí misma encontrarse atractiva, ¿qué sería lo mejor que podría hacer con su pelo?

Observe su ropa, pero, antes de hacerlo, examine su figura. Tenga sólo en cuenta ahora las ventajas que presenta. ¿Su modo de vestirse resalta esos puntos? Si la respuesta es negativa, cambie de estilo en ese sentido. El desaliño no mejorará su humor. Sólo demostrará que no se ocupa de su propia apariencia. No me refiero a gastarse un dineral en vestirse. Sólo digo que puede vestirse mejor aunque se encuentre demasiado delgada, demasiado gorda, demasiado alta o demasiado baja.

La tercera parte —«sólo las personas vanidosas se preocupan de la propia apariencia»— es falsa. Interesarse por el modo en que uno se presenta a los ojos de los demás no significa ser vanidoso. Una mujer vanidosa pasa varias horas diarias frente al espejo, comprobando y volviendo a comprobar su apariencia. Bajo ninguna circunstancia saldrá de casa sin maquillarse. Confía sobre todo en su apariencia para ganarse la popularidad y obtener el éxito en la carrera por encontrar a su príncipe azul. Como desconoce por completo la existencia de otros factores, como el carisma, la capacidad de amar, la personalidad y la serenidad, que representan también su papel en esta búsqueda, se concentra exclusivamente en su apariencia externa. En buen derecho, conseguirá a su hombre. Lo más probable es que se trate de alguien que quiere una mujer presentable, pero que no concede necesariamente un gran valor al carácter o a la inteligencia. No está mal, con tal de que no le importe comprometerse con un hombre de un criterio tan poco elevado.

Cuando la belleza y la apariencia son la única preocupación de una persona, se encontrará con un enorme problema cuando la buena apariencia se desvanezca. Habrá puesto todos los huevos en la misma cesta y, ahora que los huevos han sido ya empollados, se ha quedado con una cesta vacía. Si no ha cultivado otros intereses, al dejar atrás la flor de la vida, no tendrá nada entre las manos.

El interés por la propia apariencia no debe dominar la vida. No obstante, es importante conocerse a sí misma. No se crea culpable por pasar algún tiempo examinándose para determinar cuáles son sus puntos fuertes y sus puntos débiles en el aspecto físico. No hay nada malo en admitir que hay ciertas características propias que le agradan especialmente. Eso no la convierte en una persona vanidosa. Ni peca tampoco por destacar ciertos puntos. ¿Le parece que su cara es demasiado angulosa? ¿Por qué no acentúa la forma de sus ojos? Quizá se encuentre demasiado gruesa, pero ¿por qué ocultar sus bien formadas pantorrillas? Y aunque no crea tener nada en su cara o en su figura que le guste, no por ello tiene que ser forzosamente fea. Sólo significa que no se ha mirado en la forma apropiada. Mírese de nuevo.

A medida que empiece a apreciar su *propia* apariencia, advertirá que su envidia se desvanece. Su nueva imagen le hará sentir que forma parte de las mujeres de buen tipo y de bonita figura que ve por la calle.

GUIÓN

Tengo ya en mí todo lo que necesito para ser atractiva. Estoy contribuyendo a que emerja mi belleza. Me tomo interés por mi apariencia. Estoy feliz y satisfecha. Adopto una actitud nueva y positiva frente a mí misma y frente a los demás. Ahora percibo mi belleza y me gozo en ella. Me siento hermosa y, por lo tanto, soy hermosa. Soy feliz cuando miro a las otras mujeres de buen aspecto porque al verlas me recuerdo que soy una de ellas.

RESUMEN

Mis ojos se abren a mi nueva belleza. Una gran felicidad invade todo mi ser.

«Me molesta enormemente que el coche de mi marido sea más pequeño que los de sus compañeros»

¿Por qué le molesta a usted cuando a su marido no le molesta? ¿Piensa que su posición le exige tener un coche mayor? ¿O piensa que le corresponde *a usted* demostrar a los demás la posición que él ocupa?

Algunas esposas ven a sus maridos como prolongaciones de sí mismas. El éxito de sus maridos es su *propio* éxito. Si su marido asciende en el interior de la empresa en que trabaja, *ellas* ascienden. Es casi como si el ego de la mujer se alimentase del de su marido, como si hubiera un cordón umbilical entre ambos, de tal forma que la mujer logra sus objetivos a través de los éxitos de su esposo.

Estas pretensiones no deben confundirse con el apoyo moral. Apoyar a otra persona supone ayudarla en lo que *ella quiere,* que no tiene por qué coincidir necesariamente con lo que *nosotros* queremos para ella. Si ve a la otra persona como una extensión de sí mismo, la estará manipulando para lograr sus propios fines, sin ninguna consideración por sus deseos. Este tipo de manipulación se observa muy bien en los padres que pretenden modelar a sus hijos para que se conviertan en una clase determinada de personas, para que se dediquen a una profesión en particular. Se proclama entonces que esta forma de manipular a otros constituye un acto de amor, cuando, en realidad, no es más que un acto de autogratificación. Se niega a la otra persona el derecho a su individualidad. Si, para colmo, se le inspira un sentimiento de culpa por querer seguir su propio camino, se distorsiona la imagen que tiene de sí mismo y se bloquea su desarrollo.

La manipulación es el instrumento más poderoso de una persona impotente. Si necesita expresarse a sí mismo a través de otro, se debe a que no tiene el valor de vivir sus propios deseos. Quizá en su infancia le inculcaron la idea de que sus deseos no contaban, quizá ni siquiera sea consciente de que tiene necesidades que permanecen incumplidas. Esa falta de conocimiento le convierte en un ser débil.

La manipulación no se debe siempre a un proceso consciente. El cónyuge manipulador puede actuar con la creencia genuina de que favorece el avance de su pareja. Sin embargo, esto no altera el hecho de que los motivos subyacentes son egoístas. Adviértase que no digo que tener necesidades y querer llenarlas sea egoísta. Al contrario, está perfectamente bien, ya que es esencial para el bienestar de la persona obtener aquello que precisa. El egoísmo empieza cuando se utiliza a alguien como vehículo para los propios propósitos.

Si quiere influencia, debe conseguirla con su *propio* esfuerzo. Si quiere autoestima, búsquela realmente. Despierte la admiración de los demás con *sus* obras. No es justo poner esa carga sobre los hombros de otra persona.

No se oculte tras afirmaciones como la siguiente: «¡Pero si yo sólo quiero lo mejor para ti!», cuando en realidad sólo quiere lo mejor para *sí misma*. Y si es así, ¿por qué no sale a buscarlo? Discutir y machacar no le conducirá a ninguna parte. Sólo servirá para alejarla de su marido. Le está arrojando de su lado. Dejará de contarle lo que le sucede en el trabajo y, tarde o temprano, se interrumpirá la comunicación entre ambos.

La persona envidiosa piensa que el destino lo ha estafado. Se pone furiosa al no conseguir lo que cree que le pertenece por derecho. Lo peor es que todos los demás parecen tenerlo, como si todos recibieran un magnífico regalo de Navidad y a usted le dieran uno pequeño y horrible. Mire usted su valor personal comparándolo con los bienes de quienes le rodean.

Desear dinero y posesiones no tiene nada de malo o de inmoral. Es perfectamente aceptable gozar de una buena vida y estar en una excelente situación financiera. Lo *inaceptable* es la situación en que se acumulan las posesiones para enmascarar el vacío interior. Cuando los bienes materiales acaban por representar la exteriorización de un ansia de realización, cuando se convierten en el único propósito de una vida, el sujeto está abusando de ellos. La envidia es una señal clara de que quien la siente asigna esta función sustitutiva a las posesiones.

La mayoría de las personas a las que envidia han tenido que trabajar para ganar lo que poseen. ¿Por qué pensar que todo les ha venido por las buenas? Para obtener lo que uno quiere, hay que pagar el precio. De manera que, si quiere mucho de la vida, tendrá también que dar mucho. Observe a la gente que ha logrado lo que perseguía. Deje que la buena suerte de los demás le sirva de inspiración y comprenda que, si ellos alcanzaron la riqueza, también usted puede alcanzarla. Empiece por aprovechar sus cualidades. Y no delegue esa tarea en nadie. Es su propia responsabilidad, una responsabilidad privada, no la de su marido.

Está usted en posesión de una voluntad y una mente. Por eso es responsable de lo que ocurra en su vida. Deje de castigar a su pareja por el hecho de no sentirse feliz. Él no ha venido a este mundo para proporcionar un sentido a su vida. Eso es cosa suya. Como persona por derecho propio le atañe la responsabilidad de su desarrollo, su realización y su satisfacción. Sólo usted puede darle a su vida un sentido, un sentido personal, individual. El mejor medio para descubrirse un propósito en la vida consiste en empezar a buscarlo. Y en cuanto empiece a buscarlo, ya lo habrá encontrado. La pregunta encierra en sí la respuesta.

GUIÓN

Me esfuerzo por lograr felicidad y satisfacción. A partir de ahora, asumo la responsabilidad de mi bienestar temporal. Empiezo a fijarme metas a las que llegaré gracias a mis esfuerzos. Soy fuerte y tengo confianza. Me construyo a mí mismo y construyo mi vida. Nada puede detenerme ahora.

Miro lo conseguido por otras personas con interés y placer. Me inspiran la confianza precisa para poner en práctica mis planes. Lo que otros han logrado, yo puedo lograrlo también. Inicio mi nuevo camino con un corazón feliz.

Presto oídos a mi voz interior, que me guía continuamente. Sé que siempre hay un medio. El hecho de que se me haya dado un deseo significa que se me han dado también los medios de cumplirlo. Espero el éxito y, por consiguiente, atraigo el éxito.

RESUMEN

Miro lo conseguido por otras personas con placer. Mi fortuna se halla ya en camino.

O bien:

> **Me estoy fijando nuevas metas. La felicidad su-
> giere ideas, las ideas conducen a la riqueza.**

«Somos una pareja liberada, pero me cuesta trabajo soportar que mi novia tenga aventuras»

¿Cuál fue su idea original? Suena como si ambas partes qui-
sieran obtener su parte del pastel. Para que una pareja formada
por dos personas «liberadas» funcione, tiene usted que querer
muchísimo a su pareja o no quererla en absoluto. Y el hecho de
que le resulte difícil soportar este convenio indica que se encuentra usted situado entre ambos extremos.

Hay por los menos tres maneras de llegar a un arreglo de este
tipo.

● La idea puede presentarse como una empresa idealista al
comienzo de sus relaciones, cuando ve usted su capacidad de
amar a través de una lente de aumento.

● O quizá se comprometieron en un estadio en que todavía
veía a su pareja como alguien separado de usted, por lo que aceptó el arreglo, esperando que desaparecería por sí mismo con el
tiempo y que acabaría usted por ser elegido al final como compañero permanente.

● O bien se unieron porque les convenía y por atracción sexual, sin voluntad de comprometerse. No querían lazos.

Igualmente, hay tres motivos para que este compromiso de libertad fracase.

● Incluso una persona que haya estado completamente en las
nubes tiene que regresar a tierra al cabo de cierto tiempo. Tras el
periodo inicial de amor loco y luna de miel, la realidad se impone a su capacidad de admiración.

Hay un refrán español según el cual, cuando una mujer se
casa, pierde la atención de muchos hombres para ganarse el de-
sinterés de uno. No está muy alejado de la verdad, ¿no cree? Y
no sólo en lo que se refiere a las mujeres.

La familiaridad no engendra siempre el desprecio, pero sí conduce a ver las cosas claras, y los sentimientos originales se reajus-

180

tan en consecuencia. Cuando se descubren los pies de barro del compañero, ya no se le perdonan tan fácilmente sus errores. El problema reside en que, de repente, no está tan seguro de poder soportar realmente que su pareja se vaya a pasar la noche con alguien. Su visión romántica de ella apuntándose un tanto o dos y su confianza en su amor se han tambaleado al mismo tiempo. Le gustaría que se quedase con usted y le demostrase que sigue siendo el preferido. Las cosas han cambiado entre los dos, pero el arreglo se mantiene.

● En realidad, no deseaba ese convenio de libertad mutua, pero lo aceptó con la esperanza de que las cosas cambiarían al cabo de algún tiempo. Sin embargo, no han cambiado. Ni siquiera puede quejarse de su infelicidad, dado que se le explicó claramente la situación desde el primer momento. Ahora se encuentra en un callejón sin salida. Aunque no le haga feliz la situación, le sigue pareciendo mejor que nada, mejor que estar solo, así que continúa donde está, desgraciado pero incapaz de salir del paso.

● Al principio, la cuestión le dejó maravillosamente indiferente, pero ya no le pasa lo mismo. En algún momento, en algún punto del recorrido, se ha sentido más cerca de ello y más apegado de lo que quiere admitir y, de pronto, ha perdido toda su «calma». Se da cuenta de que se ha vuelto más posesivo, de que preferiría que su compañera se comprometiese más profundamente con usted.

Se siente desdeñado y herido y, aunque no le apetezca acostarse con otra mujer, lo hace de todos modos, a fin de no quedarse atrás. Tiene que demostrar que no le importa, que sigue siendo el mismo tipo frío del comienzo, aunque sabe que ya no lo es. No busca aventuras porque *le apetezcan*. Simplemente las utiliza como un arma para herir a su pareja.

En todos estos casos, la realidad no coincide ya con sus reglas iniciales y, por lo tanto, no parece haber mucho sentido en aferrarse al antiguo arreglo. Ha llegado el momento de volver a negociar y de adaptar las reglas antiguas a las nuevas circunstancias. Si su pareja es incapaz de pasar a unas relaciones estables, o no quiere hacerlo, se le ofrecen a usted dos opciones. O la deja, o pone al mal tiempo buena cara y sigue con ella.

Si elige esta última posibilidad, será mejor que se resigne y acepte la situación, sufriendo en silencio, de otro modo sus relaciones se harán insoportables para ambos. Sólo le falta decidir si está dispuesto a pagar ese precio por una relación en la que su pareja se niega a comprometerse. A mi entender, sería preferible que la cortase y abandonase. Al menos, sería capaz de buscar a alguien que desee unas relaciones estables.

«Soy la segunda mujer de mi marido y siento celos de la atención que presta a su primera familia»

Probablemente lo sabe todo acerca del primer matrimonio de su marido, de su primera esposa, de los hijos y de todos los problemas financieros y emocionales por los que pasó hasta que rompió por completo. Conoce todos los detalles sobre la época del divorcio, dónde vivió, las dificultades con que tropezó hasta conocerla a usted. Ahora está casado con él. Con él y con su primera familia, para ser precisos.

Está enterada de las cosas que no le gustan en su primera mujer, así que no las hace. Se ha pasado horas oyéndole hablar de los problemas que su ex esposa le causó durante el divorcio y después de él y ahora esperaba que podrían dejarlo todo atrás, mas, al parecer, no han llegado aún al final. En cuanto hay un problema con los hijos, ella le llama. Si hay que pagar matrículas o comprar uniformes para la nueva escuela, le llama. Le llama para todo y por nada, ésa es su impresión, y usted se pregunta cuándo terminará todo eso. Por el momento, no parece muy dispuesto a hacerlo y usted comienza a impacientarse. Cree que no recibe toda la atención a la que tiene derecho. Después de todo, ahora es su mujer y quizá han tenido hijos de este segundo matrimonio.

Cada vez que ella llama por teléfono, usted se molesta. Se ha establecido una especie de combate entre ambas, en el que cada una tira de un brazo del hombre situado en el medio. Se le pide que divida su atención entre sus dos familias, dejándole en una situación de perdedor constante. Su primera mujer no parece comprender que ahora tiene una nueva familia; su segunda mujer se irrita porque no se libera de su pasado y empieza desde el principio, como si nunca hubiera existido ese primer matrimonio.

¿Está segura de mostrarse razonable en sus exigencias de atención? Sea sincera consigo misma. ¿Dedica de verdad su marido montones de tiempo a tratar con su ex mujer o simplemente le molesta el solo hecho de que hable con ella?

Ha aquí dos cosas que debe recordar siempre:

● Su marido ha pasado varios años de su vida –en algunos casos, un número considerable de años– en compañía de otra persona. Esa época le ha modelado en cierta medida y forma parte de él. De nada sirve pretender que no ha existido. Hubo un tiempo en que su marido amó a su ex esposa, y parte de ese amor sobrevivió acaso al divorcio. Lo más probable también es que siga queriendo a los hijos que tuvo con ella. Les dedicó mucho tiempo y les vio crecer. Se preocupó por ellos y continúa preocupándose. ¿Le gustaría un marido tan insensible de corazón como para romper esos lazos? Si es una persona cariñosa, no puede pedirle que invierta su amor exclusivamente en usted.

El amor no es una tarta de la que usted recibe menos al tener que compartirla con otra persona. Es una actitud, una fuente que mana sin cesar, como el agua de un grifo, cuyo caudal se puede regular y ajustar abriéndolo o cerrándolo. Su marido puede abrir el grifo por completo para usted y al 60 % para su primera familia, pero porque ellos reciban el 60 %, no quedará usted reducida al 40 %.

Su marido dejó a su primera familia y, más tarde, decidió formar un hogar con usted. Por lo tanto, posee usted muchas características que la hacen atractiva a sus ojos. Eligió vivir su vida futura en su compañía. El hecho de que siga queriendo a su primera familia no significa que la quiera a usted menos. ¿Por qué no intenta confiar en él? Que se niegue a borrar su pasado habla *en su favor,* más que en *su contra.* Obviamente, es un hombre que cumple sus compromisos.

No le interesa luchar contra la situación. ¿Por qué no lo acepta? El odio y los celos no favorecerán en nada su matrimonio, todo lo contrario.

Ahora bien, si piensa que, en efecto, su marido dedica una cantidad de tiempo exagerada a su ex familia, hable con él. No le acuse, limítese a exponer los hechos. Dígale que le gustaría pasar más tiempo con él. Pregúntele si hay algo que ambos podrían hacer para tener más ratos de mutua compañía. ¿Y por qué no aceptar una reunión familiar el fin de semana que viene para poner en práctica el nuevo convenio?

¿Se ha encontrado alguna vez con su ex mujer? No olvide que no ha oído más que un lado de la historia. Les sería muy útil ponerse en contacto. ¿Por qué no citarse en un bar, en terreno neutral, para conocerse mutuamente? No tienen nada que perder y sí mucho que ganar. Le sorprenderá comprobar que su ex mujer está tan preocupada por usted como usted por ella. Tal vez no se conviertan en las mejores amigas del mundo, pero se sentirá mucho mejor al conocer a la mujer que se halla al otro extremo de la línea la próxima vez que llame.

● Se casó con su marido para afrontar juntos lo bueno y lo malo. Apóyele. Lo necesita.

Guión

Elegí a mi marido y mi marido me eligió. Nuestras relaciones son buenas y cariñosas. Le quiero y me quiere. Hace todo lo que puede para abreviar los tratos con su primera familia. Les envío mis mejores deseos.

Tengo confianza en mí misma. Mi fuerza interior me permite ayudar a mi marido en los momentos difíciles. Trabajamos en colaboración. El lazo que nos une se estrecha más cada día. Confío en él, y él confía en mí. Le doy mi apoyo, y él me da el suyo. Gozamos de intimidad y nos cuidamos el uno del otro. Me siento segura sabiendo que soy querida.

Resumen

El lazo entre mi marido y yo es fuerte. Yo le apoyo y deseo lo mejor para su primera familia.

Cuarta parte

Hipnosis y autohipnosis

En la primera parte, me extendí acerca de la mente subconsciente. Hablé de cómo trabaja y de cómo aprovechar sus poderes para mejorar su vida.

Recordará que la mente subconsciente actúa como una sala de archivos para las experiencias pasadas, grabando tanto el acontecimiento *como* las sensaciones que acompañaron entonces al incidente. Esas sensaciones pueden ser físicas, emocionales o de ambas clases a la vez. Por ejemplo, cuando murió su tía favorita, pasó usted por la experiencia del funeral (el acontecimiento físico) *y* se sintió desesperadamente triste (una sensación emocional); cuando oyó a sus padres discutir y gritarse el uno al otro (el acontecimiento físico), se sintió asustado (una sensación emocional) y tuvo dificultades respiratorias (una sensación física), debido a que la escena le causaba ansiedad. Su mente subconsciente almacenó esas sensaciones y, con cuanta mayor frecuencia se produjo el acontecimiento, más profundamente se grabaron las huellas en su memoria.

Normalmente, recordamos bastantes cosas acerca de nuestra infancia. Todavía somos capaces de describir el patio donde jugábamos a los cuatro años, recordamos la primera escuela a la que acudimos y algunos de los incidentes que se produjeron en aquella época. No lo recordamos todo con gran detalle, pero conservamos algunas informaciones sobre los años transcurridos desde que teníamos seis hasta el momento presente.

Hay, sin embargo, otras muchas cosas que no recordamos, cosas de las que no sabríamos nada si otras personas no nos las contasen. Por ejemplo, su madre puede recordar vívidamente aquella vez que le tiró usted al tío Mateo sus pañales sucios cuando tenía tres años, o su padre podrá contarle que, un día, arrancó todos los tulipanes que había en el jardín, pero, dado que no podemos recordar esos incidentes por nosotros mismos, *es como si no hubieran sucedido*. Creemos en esas historias porque confiamos en que nuestros padres no se las han inventado.

Pero considere por un momento lo que ocurriría si nadie hubiera estado presente en esas ocasiones, nadie que presenciase lo que usted hizo, nadie que viese lo que le sucedía. Como no lo recuerda, el incidente se ha perdido en su memoria. Aunque la mente subconsciente conserva el recuerdo de ese acontecimiento, la información no puede llegar a la mente consciente porque ha sido almacenada en un nivel muy profundo del subconsciente. La información y los recuerdos necesarios para la vida presente han de ser más accesibles y, por lo tanto, guardados en un lugar desde el que puedan volver sin demasiado esfuerzo.

La información se almacena en un nivel profundo por dos motivos. O bien los recuerdos carecían ya de importancia para su vida de adulto o eran tan aterradores y perturbadores en aquel momento que necesitó reprimirlos.

La represión no es un acto voluntario. Se produce automáticamente y actúa como un mecanismo mental de autodefensa. Cuando se reprime un incidente, se deja de recordarlo y, en consecuencia, es como si nunca hubiera sucedido: ese hombre en el que confiaba nunca le hizo insinuaciones, el perro al que quería no le atacó jamás, el cuarto trasero en que le encerraron no existe. Ahora bien, quedan los sentimientos que acompañaron entonces el acontecimiento: culpabilidad, vergüenza, pena, miedo horrible. Cualesquiera que fuesen, están prontos a reaparecer, ya que los sentimientos no se olvidan, aunque se olvide el incidente.

Los sentimientos se descargan siempre y seguirán descargándose hasta que se descubra el acontecimiento que los provocó en primer lugar. Sólo cuando haya establecido esta relación, sólo cuando haya conectado su sentimiento de culpa y de vergüenza con la escena de su tío más querido tocándola sexualmente, podrá dejar de sentir culpabilidad y vergüenza. Sólo cuando haya establecido el vínculo entre ser encerrado en el cuarto trastero como castigo por haber hecho algo malo cuando tenía cinco años y el sentimiento de pánico que le invade, ahora, ya adulto, cada vez que crea haber cometido un error, sólo entonces será capaz de poner ese sentimiento de pánico en su lugar, esto es, en el pa-

186

sado. Una vez que lo haya conseguido, podrá empezar de nuevo y, con ayuda de sugestiones autoestimulantes, orientar su vida en otra dirección.

La represión puede manifestarse de formas distintas. Los recuerdos reprimidos reaparecen en forma de estados de ansiedad, ataques de pánico, depresión o enfermedades psicosomáticas, por nombrar sólo algunas. Cualquiera que haya pasado por un ataque de pánico le dirá hasta qué punto parece imponerse sin ninguna razón aparente. La depresión le obliga a arrastrarse hasta la cama y cubrirse la cabeza con la manta para aislarse de todo y de todos, aunque no sabe por qué le ocurre eso. Si su bienestar se ve gravemente perturbado, necesitará ayuda exterior. Antes de que le sea posible iniciar una nueva vida, tendrá que renunciar al pasado.

No se trata de ignorar o negar el pasado. Cuanto más intente huir de él, más le perseguirá. No se libera uno de nada huyendo. Hay que volverse y enfrentarlo. Sólo entonces le abandonará para siempre. Busque un buen hipnoterapeuta analítico. Le ayudará a descubrir la causa subconsciente de su problema en un periodo de tiempo relativamente corto (por regla general, entre ocho y quince sesiones). Ilustraré este punto con el ejemplo de una cliente que superó sus problemas gracias al hipnoanálisis.

Esta mujer de cuarenta y cinco años –la llamaremos María– vino a verme porque se sentía siempre ansiosa, confusa e incapaz de conservar el dominio de su vida. Padecía varias fobias y le daba mucho miedo conducir. Me contó también que se sentía responsable de todo lo malo que pasaba en su familia, aun en el caso de que no hubiera intervenido para nada.

Para empezar, le enseñé algunos ejercicios de relajación, que aprendió muy rápidamente. Le preparé una grabación de autohipnosis y le recomendé que la escuchase por lo menos una vez al día durante las tres semanas siguientes. Al mismo tiempo, escribimos un guión para ayudarla a dominar su miedo al volante (véase el guión de las pp. 102-103).

Tras utilizar el guión durante dos semanas, me informó de que había empezado a utilizar de nuevo el coche. Señaló orgullosamente a un coche pequeño estacionado frente a mi consulta y me dijo que había decidido usarlo en lugar de venir andando. Estaba muy complacida por su hazaña y tenía motivos para estarlo.

Para resolver sus demás problemas, la sometí a un análisis bajo hipnosis. Demostró ser un excelente sujeto. Le dije que recordase acontecimientos de los primeros años de su vida, en particular de su niñez, y le ordené, una vez bajo hipnosis, que me contase los acontecimientos pasados que se le pasasen por la cabeza, ya le pareciesen importantes o no.

María recordó un gran número de incidentes de su infancia, que había estado cargada de problemas. Formaba parte de una familia de seis hijos, con una madre incapaz de demostrar afecto y un padre al que admiraba mucho por su inteligencia y su popularidad, pero que le asustaba al mismo tiempo por su violencia cuando había bebido, cosa que ocurría frecuentemente. No podía recordar que sus padres la hubiesen elogiado nunca por nada.

En una de las sesiones, María recordó que, una tarde, su padre llegó bebido a casa. Al entrar y ver que su mujer no se encontraba allí, dijo a los niños que se fuesen a su dormitorio y se quedasen en él. La madre había ido al pueblo en busca de su marido, pero éste se enfureció al comprobar su ausencia. Le asaltó la sospecha de que su mujer tenía un amante, empezó a vociferar y desvariar y sacó la escopeta, jurando que la mataría tan pronto como regresase.

Los niños se acurrucaban en sus camas, aterrorizados. Los más pequeños se echaron a llorar. María estaba también muy asustada, pero comprendió que tenía que salir y avisar a su madre. Reunió todo su valor y bajó la escalera, pero su padre la detuvo, amenazándola, y le ordenó que volviese a la cama inmediatamente.

Para entonces, tenía ya tanto miedo que obedeció. Volvió a subir la escalera, si bien no logró dormirse. Se sentía muy inquieta y desamparada, sin saber cómo evitar lo que se avecinaba.

Su madre regresó por fin a casa y miró al interior por la ventana. El padre la vio y le gritó que, si no se iba dispararía contra ella. La madre se alejó y volvió acompañada de un vecino. Su marido les dejó entonces entrar y se mostró un poco más razonable.

Al principio de la sesión siguiente, María aseguró que se sentía muy aliviada por haber recordado esta escena, diciendo que ahora le parecía más fácil pensar en el pasado. Me agradó este éxito inicial, pero sospechaba que sus problemas se debían a algo más que a aquel incidente en particular.

Unas cuantas sesiones después, María recordó una ocasión, cuando tenía alrededor de diez años, en que salió de viaje con su padre y tuvo que dormir en la misma cama con él. Se mostró muy desasosegada al recordar que él había intentado tocarla y, rompiendo a llorar, recordó también que había intentado defenderse, y la vergüenza y la culpabilidad que experimentó a causa de este incidente, aunque no se atrevió a contárselo a nadie. Continuó llorando durante un rato y al fin se calmó. La culpabilidad la había acompañado durante toda su vida, pero ahora empezaba a encolerizarse contra su padre.

Al salir de la hipnosis, tuvimos una charla final acerca de lo que había descubierto sobre sí misma. Me dijo que, de pronto, las cosas parecían situarse en el lugar que les correspondía. Ahora veía por qué se había sentido culpable durante toda su vida y se daba cuenta de que ya no le sería necesario por más tiempo, puesto que comprendía dónde se hallaba el origen de este sentimiento negativo. Su ansiedad se desvaneció.

Si ha probado a hacer alguno de los ejercicios de este libro, tendrá ya una buena idea de lo que experimenta el hipnotizado, ya que los ejercicios de relajación e imaginación no son otra cosa que autohipnosis. La única diferencia cuando otra persona le hipnotiza está en que quizá se sienta un poco más relajado y un poco más despreocupado que cuando recurre a la autosugestión. Sin embargo, en ningún momento perderá la conciencia. Un hipnoterapeuta no puede imponerle su voluntad, ni obligarle a hacer cosas que no quiere hacer, ni a revelar secretos que no quiere revelar. El hipnoterapeuta depende de su cooperación. Sólo en este caso podrá ayudarle.

Para encontrar un buen terapeuta, diríjase a una gran organización, que le recomendará a un especialista en algún punto próximo a su lugar de residencia. Pídale entonces una cita y estúdiele bien durante ella.

Si no le agrada ese terapeuta, no empiece a trabajar con él. Confíe en su intuición. Si no *le parece* bueno, no *será* bueno. Perdería el tiempo y el dinero, y sus posibilidades de éxito se verían muy disminuidas si se sometiese a tratamiento con una persona en la que no confía.

Una vez que haya comenzado las sesiones, prosígalas hasta el final. Es un hecho bien conocido –y que actúa en contra del terapeuta– que, al cabo de un cierto número de sesiones, el cliente se ve invadido por una sensación de desánimo y ansiedad. Se trata de algo perfectamente normal e indica sólo que se están acercando al problema crucial. El psicoanálisis bajo hipnosis puede ser un instrumento de valor incalculable para descubrir la raíz de un problema.

Cada individuo reacciona a la hipnosis a su manera. Algunos afirman después de una sesión que no se sintieron hipnotizados en absoluto, que estaban como de costumbre, simplemente echados allí, en el diván, y escuchando mi voz. Incluso se muestran a veces desconcertados, ya que esperaban sumirse en un estado semejante al trance. Pero la hipnosis no tiene nada que ver con eso. La idea de que el sujeto entra en trance es un mito creado por las películas, que muestran a un hombre de mirada ardiente y vestido con una capa negra, balanceando un reloj frente a una mujer joven y bella, a la cual se le nublan en el acto los ojos y que se levanta para ir a clavar un cuchillo de cocina en la espalda de su marido. Afortunadamente, es imposible manipular a nadie de este modo mediante la hipnosis.

Otras personas experimentan bajo la hipnosis una sensación de ligereza o de pesadez. Algunas afirman que permanecen en estado normal durante la sesión, pero que, cuando abren los ojos, tienen la impresión de haber dormido durante horas. No lo han hecho, claro está, ya que pueden recordar con toda claridad lo que les dije durante la sesión.

Cualquiera que sea su experiencia personal durante la hipnosis, tanto si se siente distinto de su estado normal de vigilia como si no, no tiene nada que ver con el resultado. Algunos de mis clientes me han asegurado que no les había hipnotizado, sólo para confesar después, una semana más tarde, que habían dejado de fumar.

Deje que sea el especialista quien decida si está usted hipnotizado o no. Hay un cierto número de signos que le permiten determinar si ha alcanzado el estado requerido. Si está usted muy tenso, sin duda necesitará una o dos sesiones de relajación antes de hallarse preparado.

En cualquier caso, la hipnoterapia le será siempre útil, ya que le ayudará a activar sus recursos internos sin tener que recurrir a píldoras y tabletas. Si le parece que precisa de alguna ayuda para poner en práctica el programa descrito en este libro, una sesión de hipnosis con un terapeuta reforzará sus propias sugestiones.

El modo en que se alimenta la mente subconsciente determina el modo en que se experimenta la vida. En este caso, ¿por qué no hacer algo positivo?

Creación dirigida de imágenes afectivas

Otro método para sacar a la luz y trabajar sobre el material reprimido consiste en una técnica denominada creación dirigida de imágenes afectivas, en inglés Guided Afective Imagery (GAI). Utilizo este método con mis pacientes que entren con dificultad en el estado hipnótico o a los que les cuesta trabajo recordar su niñez.

En lugar de hipnotizar al paciente, se le induce un estado de relajación. El terapeuta no dice en este caso: «Ahora está usted relajado», sino: «Deje que sus brazos se relajen, deje que sus piernas se vayan relajando», etc. La diferencia reside en que, en la inducción hipnótica, se le dice al paciente lo que está sucediendo, mientras que en la GAI se le anima a que lo haga por sí mismo.

La GAI trabaja con representaciones simbólicas de los problemas subconscientes. Se le dice al paciente que imagine parte de un paisaje, por ejemplo, un prado, un río, un bosque o una montaña. El terapeuta sugiere una de esas imágenes, digamos el prado, y pide al paciente que describa con gran detalle la clase de prado que ve en su imaginación. El paciente presentará entonces una imagen espontánea que permite hacerse una idea de sus actitudes y de su pasado. Por ejemplo, un prado cubierto de hierba espesa y aterciopelada, salpicada de flores, reflejará una personalidad estable desde el punto de vista emocional, mientras que una pequeña extensión de hierba corta y dura, retenida entre setos elevados, indica el mecanismo de defensa de una persona ansiosa e inhibida.

Los problemas emocionales se revelan en el simbolismo del paisaje y de los animales o los objetos que lo pueblan. Las otras personas pueden ser percibidas como casas en la lejanía, indicando el desapego que el cliente siente con respecto a sus semejantes. Una situación peligrosa puede aparecer en la GAI como un animal feroz, un león o un monstruo. La representación simbólica en la GAI incluye con frecuencia figuras fantásticas o personajes de cuentos de hadas. Depende en gran medida de cada paciente en particular.

La GAI no sólo permite al terapeuta hacerse una idea sobre la condición emocional de su paciente, sino que le proporciona un instrumento para introducir un cambio positivo y combatir los temores antiguos, ayudando a su paciente a enfrentarse con ellos en imagen. Veamos algunos ejemplos para ilustrar cómo funciona la GAI.

Caso 1

Una de mis pacientes que sufría de depresión y ansiedad, visualizó un prado rodeado por un seto alto y espinoso, que le impedía ver nada más allá de su pequeña extensión de tierra.

Ese espacio confinado la oprimía, pero, al mismo tiempo, lo que pudiera haber en el exterior despertaba su ansiedad. La alenté a acercarse al seto y buscar una abertura, que acabó por descubrir. Después de muchas vacilaciones, consintió en arrastrarse por la abertura y aventurarse más allá de sus confines, a fin de comprobar si sus temores acerca del mundo exterior estaban justificados. Se sorprendió al encontrarse frente a un panorama despejado y placentero y, si bien conservó cerrado su territorio (el prado cercado), se sintió al mismo tiempo feliz por haber dado este paso hacia lo desconocido. En la sesión siguiente, me informó de que se había atrevido a pasear por las calles de la ciudad para ver escaparates, cosa que no había hecho desde mucho tiempo atrás.

Caso 2

Otro paciente tenía el problema de ser incapaz de proyectar nada. Tan pronto como surgía un problema, abandonaba su proyecto y, en consecuencia, se desalentaba y se enfurecía contra sí mismo. La imagen que tenía de sí mismo, una imagen negativa, le impedía perseverar, y esa falta de ánimos reforzaba a su vez la imagen negativa. Estaba verdaderamente atrapado.

En su imaginación, vio una gran montaña que se alzaba al extremo de su prado y mencionó que sin duda sería muy agradable ver el paisaje desde lo alto. Sin embargo, nada más llegar al pie y ver lo acentuado de la pendiente, renunció y dio media vuelta.

Le incité a mirar a su alrededor en busca de útiles que pudieran ayudarle durante la ascensión y acabó por encontrar un equipo de alpinista. Empezó entonces a trepar por la montaña, describiendo sus progresos a medida que subía.

Hubo un momento en que, sintiéndose cansado, se detuvo a descansar. De pronto, decidió que le era imposible continuar. Le pregunté si no había algo o alguien capaz de ayudarle a recorrer la distancia que le faltaba hasta la cima. Me respondió del modo más espontáneo que, en efecto, podía ver a un hombre que ya había llegado a lo alto. Gritó pidiéndole ayuda. El hombre le lanzó una cuerda resistente, que mi paciente se ató alrededor de la cintura. El hombre tiró desde arriba y, trepando con todas sus fuerzas, mi paciente alcanzó por fin la cima, desde la cual se disfrutaba de una vista espléndida. Al mismo tiempo, experimentó una intensa sensación de felicidad y autorrealización. Al abrir los ojos, me dijo que estaba agotado, como si hubiera escalado de verdad esa montaña.

Después de varias sesiones más, en que venció otros obstáculos, y de descubrir el proceso que dio origen a su falta de tenacidad, fue capaz de transformar sus éxitos imaginarios en realidad. Por último, decidió presentarse a un examen que venía posponiendo desde mucho tiempo atrás, y lo último que supe de él fue que lo había aprobado y que le habían concedido un nuevo puesto que le proporcionaba gran placer y satisfacción.

Caso 3

Un día, se presentó en mi consulta una muchacha de veintiún años. Padecía de ansiedad y llevaba medicándose con tranquilizantes desde los dieciséis.

Como estaba muy nerviosa, dediqué la primera sesión a enseñarle los ejercicios de relajación, pidiéndole después que practicase en su casa. En la segunda sesión, empezamos con la GAI, técnica que parecía adaptarse perfectamente a su naturaleza. «Veía» las escenas en colores vívidos y con gran detalle.

De su prado, partía un sendero que conducía a una casa situada en medio de ninguna parte. No había nadie por allí, de modo que le dije que penetrase en la casa y me contase lo que había en el interior. Entró primero en una cocina, completamente blanca y muy ordenada, sin un solo cacharro a la vista. No obstante, cuando abrió los armarios, los encontró llenos de comida. El cuarto de estar era muy confortable, con sillones y sofás acogedores, pero sin ningún cuadro en las paredes.

Subió luego una escalera angosta y llegó a dos pequeños dormitorios, uno de los cuales se hallaba absolutamente vacío. En el otro dormitorio había un cochecito de niño, pero sin ningún bebé en su interior. Junto al cochecito, se veía una silla. El resto de la habitación estaba también vacía. Ni juguetes ni ropas infantiles.

Observé igualmente que, aunque había mucha luz en el exterior y la casa tenía grandes ventanas, el interior estaba muy oscuro.

Le dije que buscase el sótano. Salió al exterior y encontró una puerta desvencijada, próxima a la entrada. Se negó a abrirla. Tenía la impresión de que la casa pertenecía a un hombre que sólo la utilizaba los fines de semana. No estaba bien bajar al sótano, me dijo, porque era «el lugar más íntimo de la casa».

En una de las sesiones siguientes, la convencí para que llegase hasta los cimientos. Como eso la atemorizaba mucho, le sugerí que se armase con una espada mágica con la que podría defenderse en caso de que fuese necesario.

Al bajar la escalera, oyó un gruñido animal y vio a una criatura enorme, semejante a un perro, que se acercaba a ella, enseñándole los colmillos. Se quedó aterrorizada, pero empezó a usar la espada para defenderse de su atacante, asestando golpes con el arma sobre el perro hasta que éste se derrumbó en el suelo, muerto. Estalló luego en sollozos y declaró que aquel animal era su padre, que había aterrorizado a su familia toda la vida. Se trataba de un alcohólico que, al regresar a casa por las noches, atropellaba todo cuanto se oponía a su paso y golpeaba a cualquier miembro de la familia que se pusiese en su camino.

La explicación del cochecito vacío resultó ser la imagen simbólica de un aborto que mi paciente había tenido un par de años atrás, aborto que la había hecho sentirse muy culpable.

Una vez que empezó a establecer esas conexiones, se dio cuenta de que la casa era un símbolo de su propia vida, en que los cimientos representaban su niñez. De pronto, comprendió por qué había supuesto que la casa pertenecía a un hombre. Durante toda su vida, había considerado a las mujeres como débiles e inermes, mientras que los hombres formaban el grupo de los dominantes y los únicos a quienes estaba permitido poseer cosas. Por lo tanto, no era posible que ella, siendo una mujer, poseyese nada, ni siquiera su propio cuerpo. Su novio la había presionado para que abortase, y ella había cedido, a pesar de que quería tener a su hijo.

Sus ataques de angustia cesaron después de haber librado la batalla contra su padre y abandonó poco a poco los tranquilizantes, bajo la supervisión de su médico.

Resumen

La GAI, lo mismo que la hipnosis y la autohipnosis, hace uso de los poderes de la mente subconsciente. Ciertas personas se preocupan porque sólo «fingen las cosas», pero, si se considera el número extraordinario de cosas que es posible imaginar y el hecho de elegir una versión determinada, se hace evidente que la elección viene dictada por el estado emocional del sujeto y por su historia pasada. La imagen escogida se relaciona siempre con algo que ha sucedido realmente en su vida, si bien se presenta en la forma disfrazada de un símbolo. La escenificación imaginaria de la GAI permite que la mente subconsciente se exprese de un modo que resulta menos amenazador para el sujeto que recordar el incidente real.

Como recordará, la mente subconsciente no distingue entre la imaginación y la realidad. Una vez que se haya enfrentado con un suceso del pasado que le inquietaba emocionalmente, perderá su poder negativo sobre usted. Que la operación se lleve a cabo simbólicamente o reviviendo el acontecimiento durante la hipnosis no influye sobre sus resultados benéficos.

El pensamiento positivo no es más que otro instrumento para mejorar la vida y actúa en el mismo sentido. Utilice los poderes de su mente subconsciente en provecho propio y podrá conseguir lo que desee.

NOTA: *No importa de dónde sopla el viento; lo único que importa es la forma de navegar.*

Índice de notas

Índice

Tercera parte

«Odio las discusiones» ● «Encuentro difícil decir a los demás lo que quiero» ● «Cuando me siento herido, me enfurruño» .

Primeros auxilios ● «Me siento incapaz de realizar el trabajo que me corresponde» ● «Si cometo el más ligero
error, me creo obligado a repetir todo el trabajo» ● «Me
lleva mucho tiempo olvidarme del trabajo cuando regreso
a casa» ● «Estoy constantemente irritable, agresivo o lloroso» ● «Cualquier sensación de relajación producto de
unas vacaciones, se desvanece en cuanto pongo los pies en
la oficina el primer día» ● «He tenido problemas sexuales
desde que empecé a sentirme dominado por el estrés»
● «Acabo de tener un ataque al corazón» ● «No dispongo
de tiempo para descansar»

«Me es imposible dormir cuando me ronda algún problema
por la cabeza» ● «Me preocupan mucho los tests y los exámenes» ● «Cuando algo me preocupa, me agua todas las
satisfacciones» ● «Estoy preocupado por mis hijos» ● «Si
me hubiera casado con otra mujer, sería más feliz» ● «El
error que he cometido me hace sentir fatal» ● «Me siento
culpable por haber sido injusto» ● «Si mis padres me hubieran permitido seguir estudiando, ahora ganaría más dinero»

«Me resulta difícil entablar nuevas amistades» ● «Me
resulta difícil hablar de mis sentimientos» ● «Nunca parece haber alguien disponible cuando yo lo necesito» ●
«Cuando alguien me dice "hola", me quedo desconcertado

y no sé qué contestar» ● «He perdido el contacto con mis antiguos amigos» ● «Me siento desgraciado cuando estoy a solas» ● «Tengo la impresión de que no gusto a nadie» ● «Mi pareja me ha abandonado hace poco» ● «Soy una persona abierta, pero aun así me siento solitario»

Relajación a través del color ● «Tengo problemas con el estómago» ● «Me duele la cabeza y la espalda con frecuencia» ● «Tengo un tumor, benigno o maligno» ● «Tengo problemas de piel» ● «Me van a hospitalizar»

«Me perturba mucho ver a mi novia hablando con otro hombre» ● «Me encuentro fea y envidio a todas las mujeres guapas» ● «Me molesta enormemente que el coche de mi marido sea más pequeño que los de sus compañeros» ● «Somos una pareja liberada, pero me cuesta trabajo soportar que mi novia tenga aventuras» ● «Soy la sengunda mujer de mi marido y siento celos de la atención que presta a su primera familia»

Cuarta parte

    Resumen